Michael Gressmann/Wolfgang Mathea
Die Fundgrube für den Physik-Unterricht

Michael Gressmann
Wolfgang Mathea

Die Fundgrube für den Physik-Unterricht

Das Nachschlagewerk für jeden Tag

Gedruckt auf chlorfrei gebleichtem Papier
ohne Dioxinbelastung der Gewässer.

Deutsche Bibliothek – CIP-Einheitsaufnahme

Gressmann, Michael:
Die Fundgrube für den Physik-Unterricht : das Nachschlagewerk
für jeden Tag / Michael Gressmann ; Wolfgang Mathea. –
Berlin : Cornelsen Scriptor, 1996
    ISBN 3-589-21078-8
NE: Mathea, Wolfgang:

5.	4.	3.	2.	1.	Die letzten Ziffern bezeichnen
2000	99	98	97	96	Zahl und Jahr des Drucks.

Redaktion: Stefan Giertzsch, Berlin
Herstellung: Brigitte Bredow, Berlin
Umschlagentwurf: Studio Lochmann, Frankfurt am Main, unter Verwendung
einer Zeichnung von Klaus Puth, Mühlheim
Illustrationen: Klaus Becker, Frankfurt am Main, und Stefan Giertzsch, Berlin
Satz: FROMM MediaDesign GmbH, Selters/Ts.
Druck und Bindung: Clausen & Bosse, Leck
Printed in Germany
ISBN 3-589-21078-8
Bestellnummer 210788

Inhaltsverzeichnis

2. Wärmelehre

5. Optik

Vorwort

Wir haben eine Sammlung von kleinen physikalischen Handversuchen zusammengestellt, die Sie ohne große Vorbereitung im Unterricht vorführen können. Zwei unterschiedliche Lehrertypen profitieren von dieser Zusammenstellung: einmal diejenigen, die keine Zeit haben, langwierige und umständliche Versuche aufzubauen, die im Endeffekt auch nicht mehr leisten, als ein einfacher Handversuch. Und die andere Gruppe, die über keine gute Ausstattung der Physiksammlung verfügt, aber den Unterricht trotzdem mit Experimenten auflockern will.

Wer solche Handversuche als „unwissenschaftlich" abtut oder sie verächtlich als „Schauversuch" bezeichnet, verkennt ihren großen pädagogischen Wert. Denn das ist oft ein Nachteil von aufwendig aufgebauten Experimenten: Sie lenken ab vom eigentlichen physikalischen Inhalt oder verschließen ihn sogar.

Beobachten Sie einmal Ihre Schüler bei der Vorführung eines Handversuches! Mit wieviel Interesse und Spaß sie den Hergang verfolgen. Vielleicht werden die Schüler auch angeregt, durch die übersichtliche und wenig aufwendige Vorbereitung diesen Versuch zu Hause oder bei Freunden selbst auszuführen. Und was dabei das Wertvollste ist: Sie werden auch darüber nachdenken und diskutieren. Nur so kann man Physik lernen. Und vielleicht wird eines Tages Physik das beliebteste Fach.

Auf eine Gefahr wollen wir noch hinweisen. Bauen Sie den Physikunterricht nicht ausschließlich auf „Handversuchen" und „Gedankenexperimenten" (im folgenden mit **GE** abgekürzt) auf. Und überschreiten Sie nicht den Anwendungs- und Gültigkeitsbereich der Handversuche. Experimente mit quantitativen Meßergebnissen sind unabdingbare Voraussetzungen für die physikalische Methode und dürfen im Unterricht nicht fehlen.

Noch ein kurzer Hinweis: Für einige Experimente brauchen Sie einen Raum, der abzudunkeln ist. Und über dem Experimentiertisch sollte sich ein oder mehrere kräftige Deckenhaken befinden. Und wenn an Ihrem Tisch noch ein kleiner Schraubstock montiert ist, kann das Experimentieren beginnen.

1. Mechanik

Halbe – halbe

Zwei gleiche zylindrische Gefäße • *eingefärbtes Wasser*

Ein zylindrisches Glas ist randvoll mit Wasser gefüllt. Sie sollen nun genau die Hälfte herausschütten. Ist das ohne weitere Hilfsmittel möglich?

Ganz einfach: Neigen Sie das Gefäß so, daß beim Herauslaufen der Flüssigkeit gerade der Boden sichtbar wird. Jetzt ist das Glas nur noch halbvoll.

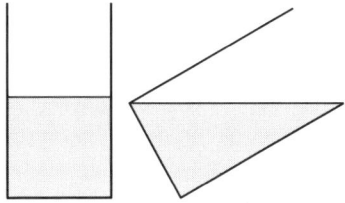

Haben Sie zwei gleiche Gefäße zur Hand, können Sie zur Kontrolle beide Gefäße nebeneinander stellen und den Flüssigkeitsstand vergleichen.

Kugelrund

Meßzylinder 100 ml • *kleine Kugel (Ø etwa 1 bis 2 cm)* • *Taschenrechner*

Bestimmen Sie den Durchmesser einer kleinen Kugel. Sie haben nur einen Meßzylinder und einen Taschenrechner zur Verfügung.

Zuerst ermitteln Sie das Volumen der Kugel. Die eingetauchte Kugel verdrängt ein Wasservolumen von:

$V = V_2 - V_1$.

Dann rechnen Sie den Durchmesser d der Kugel aus:

$$d = \sqrt[3]{\frac{6 \cdot V}{\pi}} \; .$$

Wird ein Volumen von V = 1 ml verdrängt, beträgt der Kugeldurchmesser d = 1,2 cm.

Luft verdrängt Wasser

Standzylinder oder ein anderes Glasgefäß • *tiefe Glaswanne* • *evtl. Eimer* • *Wasser* • *Korken* • *Metallgegenstand*

a) Drehen Sie den Standzylinder mit der Öffnung nach unten und tauchen ihn senkrecht (nicht schräg!) in die mit Wasser gefüllte Wanne. Drücken Sie den Standzylinder vollständig unter die Wasseroberfläche. Der Standzylinder füllt sich nur wenig mit Wasser, da die eingeschlossene Luft nicht entweichen kann. Da sich die Luft aber zusammendrücken läßt, steigt das Wasser im Standzylinder (je nach Eintauchtiefe) mehr oder weniger hoch. Jetzt kippen Sie das Glas ein wenig zur Seite, so daß einige Luftblasen entweichen können. Wenn Sie jetzt den Standzylinder wieder senkrecht halten, ist das Wasser höher gestiegen – denn es befindet sich nun weniger Luft im Glas.

b) Sehr nett ist auch dieser Versuch: Sie stopfen ein Taschentuch fest in den Standzylinder und tauchen ihn dann mit der Öffnung nach unten unter Wasser. Das Taschentuch bleibt trocken.

c) Lassen Sie eine Korkscheibe auf der Wasseroberfläche schwimmen und drücken diese mit dem Luftpolster des Standzylinders unter Wasser. Versetzen Sie sich an die Stelle der Korkscheibe. So könnten Sie auch tief unter der Wasseroberfläche die (eingeschlossene) Luft atmen. Nach einem ähnlichen Prinzip arbeiten Taucherglocken.

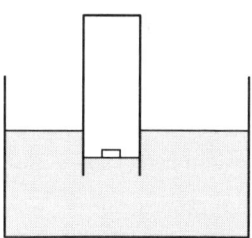

d) Wiederholen Sie den Versuch a). Stellen Sie aber diesmal einen größeren Metallgegenstand (zum Beispiel ein Kilogramm-Gewicht) auf den Boden der Glaswanne. Wenn Sie jetzt den Standzylinder mit der eingeschlossenen Luft über den Metallkörper stülpen, entweicht ein Teil der Luft. Denn wo ein fester Körper ist, kann sich nicht gleichzeitig Luft befinden.

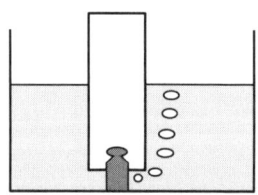

Wasser hinein, Luft heraus

Glaskolben • *zweifach durchbohrter Stopfen* • *Trichter* • *gebogenes Glasrohr mit Schlauchverlängerung* • *Glaswanne mit Wasser*

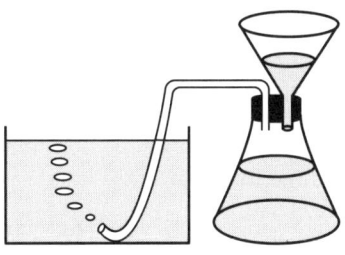

Bauen Sie die abgebildete Versuchsanordnung auf. Wenn Sie jetzt Wasser in den Trichter schütten, verdrängt es die im Glaskolben vorhandene Luft. Die Luft entweicht über das gebogene Glasrohr und durch die Schlauchverlängerung. Da sich diese aber unter Wasser befindet, steigt die Luft in Form von kleinen Bläschen an die Oberfläche.

Vielleicht taucht die Frage auf, ob das Volumen der verdrängten Luft gleich dem Volumen der aufgefangenen Luft ist. Zur Klärung sollten Sie die entweichende Luft so auffangen, wie es im nächsten Versuch beschrieben ist.

Luft hinein, Wasser heraus

Standzylinder • *Glaswanne mit Wasser* • *Glasrohr*

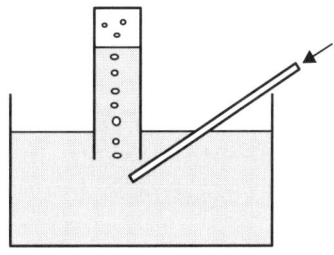

Tauchen Sie den gekippten Standzylinder in die mit Wasser gefüllte Wanne. Wenn sich keine Luft mehr im Zylinder befindet, richten Sie ihn auf und ziehen in so weit heraus, daß sich die Öffnung gerade noch unter Wasser befindet. Das Wasser kann nicht aus dem Zylinder laufen – der Luftdruck verhindert dies.

Jetzt halten Sie ein gerades Glasrohr unter die eingetauchte Öffnung und blasen von oben Luft hinein. Die Luftblasen verdrängen das im Standzylinder eingeschlossene Wasser.

Luftdruck gegen Wasserdruck

> *Stehkolben oder andere Flasche • passender durchbohrter*
> *Gummistopfen • Trichter • Strohhalm*

Sie stecken einen Trichter mit einer engen Ausflußöffnung in einen durchbohrten Gummistopfen und verschließen damit eine „leere" (luftgefüllte) Flasche. Versuchen Sie nun, Wasser in die Flasche zu gießen. Es gelingt aus zweierlei Gründen nicht:

- Die in der Flasche eingeschlossene Luft drückt gegen das von oben eindringende Wasser.
- Die Luft in der Flasche kann nicht entweichen, weil die Wasserteilchen vor der Trichtermündung eine undurchdringliche Haut bilden.

Wenn Sie mit einem Strohhalm diese Wasserhaut durchstechen, kann die Luft entweichen und Wasser fließt in die Flasche. Mit dem Daumen können Sie das Auslaufen unterbrechen, wenn Sie die Halmöffnung verschließen.

Der Versuch gelingt am sichersten, wenn Sie das Wasser möglichst „schlagartig" in den Trichter gießen.

Wasserfontäne

> *Wassergefäß • Flasche oder Stehkolben • zweifach*
> *durchbohrter Gummistopfen • Glasrohr lang • Glasrohr*
> *kurz oder Glasspritze • Auffangwanne*

In einen Stehkolben geben Sie soviel Wasser, wie es die Skizze zeigt. Sie stecken den doppelt durchbohrten Gummistopfen in den Kolben und führen die beiden Glasrohre 1 und 2 durch die Öffnungen. Jetzt drehen Sie den Stehkolben schnell um und tauchen das kurze Glasrohr 1 in ein hochstehendes, mit Wasser gefülltes Gefäß. Oben aus dem Rohr sprudelt eine Wasserfontäne so lange hoch, wie das Gefäß Wasser hergibt.

Das eingedrungene Wasser läuft über das längere Glasrohr 2 in die tiefgestellte Auffangwanne ab.

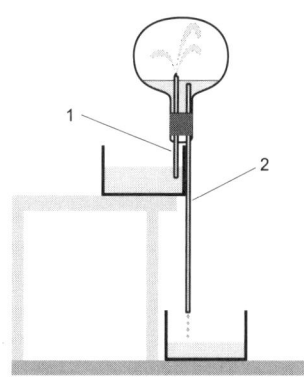

Warum muß sich etwas Wasser in dem Stehkolben befinden und über dem längeren Glasrohr 2 stehen? Nach dem Umdrehen läuft etwas Wasser über das lange Glasrohr ab und es entsteht ein luftverdünnter Raum. Der äußere Luftdruck drückt dann Wasser von unten nach.

Dichte und Eintauchtiefe von Holz

Standzylinder • gefärbtes Wasser • passender Holzzylinder • Lineal

Ein zylindrisches Holzstück (zum Beispiel das abgesägte Stück eines Besenstiels) soll im Durchmesser gerade in einen Standzylinder passen, damit es beim Eintauchen nicht verkantet oder umkippt. In das hoch mit Wasser gefüllte Gefäß tauchen Sie nun das Holzstück ein. Es sinkt ein bestimmtes Maß ein und verdrängt dabei soviel an Wasser, wie es selber wiegt.

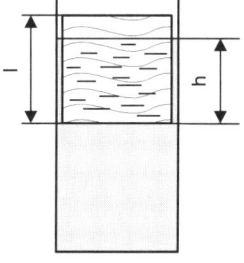

$A \cdot l \cdot \rho_{Holz} \cdot g$ ist das Gewicht des Holzstückes, wenn A die Grundfläche, l die Länge, ρ die Dichte von Holz und g die Erdbeschleunigung ist. Die verdrängte Wassermenge wiegt $A \cdot h \cdot \rho_{Wasser} \cdot g$. Beide Gewichte sind gleich groß:

$$A \cdot l \cdot \rho_{Holz} \cdot g = A \cdot h \cdot \rho_{Wasser} \cdot g \text{ mit } \rho_{Wasser} = 1\,\frac{g}{cm^3}$$

$$\rho_{Holz} = \frac{h}{l} \cdot \frac{g}{cm^3}$$

Um die Dichte zu bestimmen, müssen Sie nur noch die Eintauchtiefe h am (feuchten) Holzzylinder messen und das Verhältnis $\frac{h}{l}$ ausrechnen.

Kraft gleich Gegenkraft

Rollschuhe oder zwei Skateboards • *ca. 5 m langes Seil*

a) Zwei Schüler, die etwa gleich schwer sind, ziehen Rollschuhe an (oder stellen sich auf ihr Skateboard) und stellen sich im Abstand von circa fünf Metern gegenüber auf. Dann gibt ihnen der Lehrer ein Seil in die Hand und fordert sie auf, gleichzeitig und gleichmäßig am Seil zu ziehen. Ergebnis: Beide Schüler treffen sich etwa in der Mitte.

b) In einem zweiten Experiment fordert der Lehrer nur einen Schüler auf, am Seil zu ziehen, während der andere das Seil straff hält. Auch in diesem Fall treffen sich beide Schüler wieder in der Mitte.

Der angreifenden Kraft ist es einerlei, in welcher Form die Gegenkraft auftritt: als Zugkraft, als ruhende Haltekraft oder als Reibungskraft.

GE (Gedankenexperiment): Spielerei mit Kräften

2 Kraftmesser (10 N) • *2 Kilogrammgewichte* • *lose Rolle* • *feste Rolle* • *Stativmaterial* • *Haken in der Decke und in der Wand (oder ähnliches)*

Wieviel Newton zeigt der Kraftmesser an?

Bild 1 bereitet keine Schwierigkeit: Der Kraftmesser zeigt circa 10 N an. Die Gegenkräfte zuerst in der Feder des Kraftmessers und dann in der Hakenbefestigung sind leicht auszumachen.

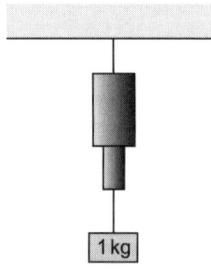

Bild 2 ist nur wenig komplizierter. Die feste Rolle lenkt die Kraft in eine andere Richtung, ohne den Betrag der Kraft zu verändern (von der immer vorhandenen Reibung wird hier abgesehen). Die Gegenkräfte sind die gleichen wie in Bild 1, zusätzlich kommt noch die Kraft in der Umlenkrolle hinzu. Lösung: 10 N.

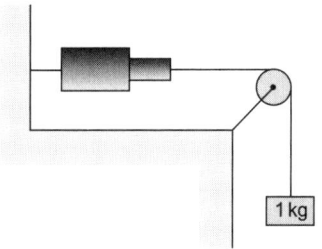

Bei **Bild 3** antworten viele spontan: 5 N, manche auch: 20 N. Das ist aber falsch, denn der nach rechts unten ziehenden Gewichtskraft ist es egal, wer die Gegenkraft ausübt: eine Wand mit ihrer Haltekraft, ein Helfer, der das Seil mit seiner Muskelkraft festhält oder (wie hier) ein gleich großes Gegengewicht. Richtige Lösung: 10 N.

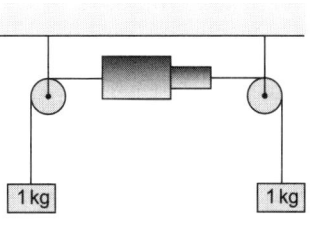

Bild 4 ist wieder einfach. Es zeigt die Reihenschaltung von Kraftmessern, die wie die Glieder einer Kette hintereinander liegen. Jeder Kraftmesser zeigt dann die volle Kraft an: 10 N (vom Eigengewicht des unteren Kraftmessers einmal abgesehen).

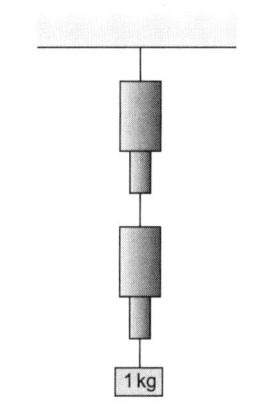

Wenn die beiden Lastarme a und b exakt gleich lang sind, verteilt sich die Last in **Bild 5** auf 2 Tragarme, von denen jeder die Hälfte aufnimmt. Die beiden Kraftmesser zeigen 5 N an. Hier handelt es sich um eine Parallelschaltung von Kraftmessern.

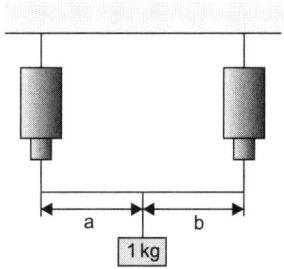

Auch in **Bild 6** zeigt der Kraftmesser nur 5 N an, wenn das (halbe!) Gewicht der Rolle unberücksichtigt bleibt. Wieder verteilt sich die angreifende Last auf zwei Seile. Nur befindet sich diesmal am unteren Ende eine lose Rolle.

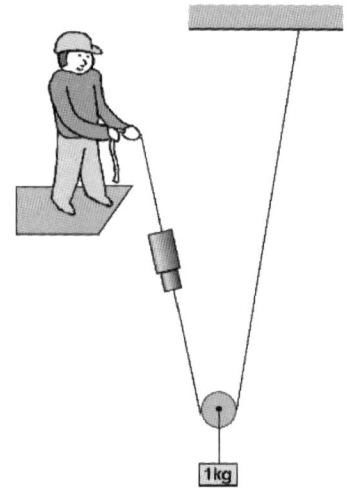

Natürlich wird der Lehrer im Physikunterricht diese Versuche auch praktisch vorführen.

GE: Wettkampf

Zwei gleich schwere Jungen A und B klettern um die Wette an zwei herabhängenden Seilen, die über eine feste Rolle laufen, nach oben. Kann man jetzt schon sagen, wer gewinnt?

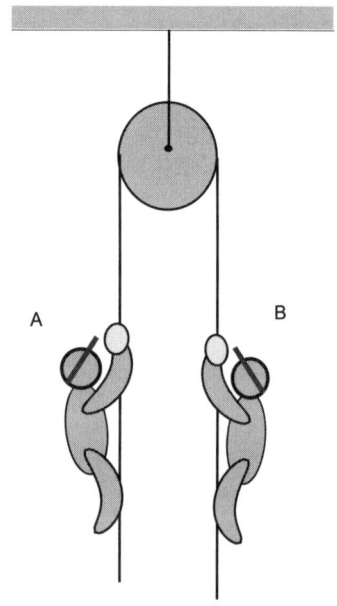

Ja, es geht in jedem Fall unentschieden aus, wenn das Seil während der Kletterei in Ruhe bleibt. Beide Jungen, A und B, kommen *gleichzeitig* oben an, auch wenn einer von beiden gar nicht klettert, sondern sich nur am Seil festhält. Denn jede Zugbewegung an einem Seilende ist nur möglich, wenn am anderen Seilende ebenfalls eine Zugkraft wirkt. Die beiden Kletterer befinden sich zu jedem Zeitpunkt auf gleicher Höhe und kommen gleichzeitig oben an.

Krafterhöhung?

Kraftmesser 10 N • *Halb-Kilogrammgewicht mit unterer Öse*
• *Seil* • *Zusatzgewicht 200 g* • *Haken in Decke oder ähnliches*

Sie hängen ein Halb-Kilogrammgewicht über einen Kraftmesser an die
Decke. Der Kraftmesser zeigt circa
5 N an. Jetzt befestigen Sie an der
Unterseite des Gewichtsstückes ein
zweites Seil, spannen es so an, daß
der Kraftmesser 8 N anzeigt. Das ge-
spannte Seil machen Sie am Tisch
oder am Boden fest. Was zeigt der
Kraftmesser an, wenn Sie jetzt ein
Zusatzgewicht von 2 N an den Kraftmesser hängen?

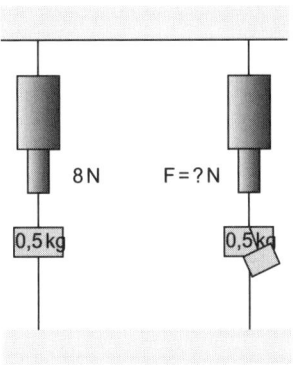

Antwort: Natürlich weiterhin 8 Newton. Wenn Sie das 2 N schwere
Zusatzgewicht an den Kraftmesser hängen, verringert sich die Spannung
des unteren Seiles auf 3 N – 2 N = 1 N. Das Zusatzgewicht übernimmt
einen Teil der Belastung, die das untere Seil getragen hatte. Die Summe
der nach unten gerichteten Kräfte summiert sich wieder auf 8 N:
5 N Gewichtskraft vom Halbkilogramm-Gewicht, 2 N vom Zusatzgewicht und 1 N Zugkraft im unteren Spannseil.

Flaschenzug

5 bis 6 m langes, glattes Seil • *2 Stahlrohre, Ø ca. 30 mm und
1,5 m lang*

Sie führen einen einfachen Flaschenzug vor, dessen Funktion die
Schüler besonders anschaulich „begreifen". Dazu brauchen Sie nur zwei
Stahlrohre (d ≈ 30 mm, 1,5 m lang), ein langes, glattes Seil und eine
geöffnete Tür.

Zwei Schüler S stellen sich etwa 0,5 m hinter der geöffneten Tür auf
und halten das Rohr 1 so, wie es die Abbildung (Draufsicht, siehe S.
26) zeigt. Zwei weitere Helfer halten das andere Rohr 2 hinter der
Türfüllung fest, während Sie (L) das Seil bei A am Rohr 2 befestigen
und dann dreimal um beide Rohre führen.

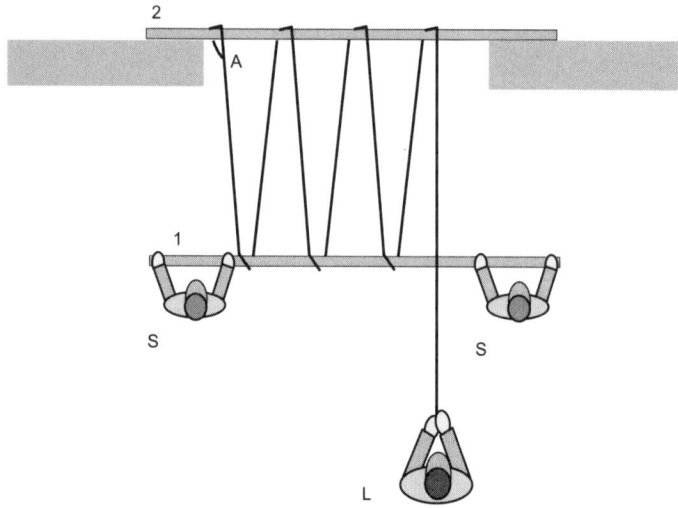

Die beiden Schüler versuchen jetzt, das Rohr 1 zu sich heranzuziehen, Sie ziehen dagegen. Mit Leichtigkeit ziehen Sie die beiden Schüler nach vorn, denn das von den Schülern gehaltene Rohr übernimmt die Aufgabe von drei losen Rollen, die Ihnen eine dreifache Kraftübersetzung bescheren.

GE: Noch einmal: Der Flaschenzug

Welche Kraft F hält das Gleichgewicht, wenn die angehängte Last ein Gewicht von 1 000 N hat? Vernachlässigen Sie die Reibung und die Eigengewichte von Rollen und Seil (zugehörige Bilder siehe S. 27).

Bild 1: Man müßte mit F = 1 000 N ziehen, denn das Seil läuft über drei feste Rollen. Feste Rollen lenken Kräfte nur um, ohne sie im Betrag zu verändern.

Bild 2: Hier zieht man mit 2 000 N, denn an der losen Rolle ziehen links und rechts je 1 000 N. Beim Ziehen legt das Gewicht den doppelten Weg zurück.

Bild 3: Hier muß man mit dem vierten Teil von 1 000 N ziehen. Das Gewicht hängt an 4 Seilen. Die (fehlende) vierte Rolle würde die Zugkraft nur umlenken.

Bild 4: 333 N. Mit dem dritten Teil von 1 000 N halten Sie der Gewichtskraft das Gleichgewicht.

Bild 5: Hier zieht man auch mit 333 N. Das Gewicht hängt an drei Seilen.

Bild 6: 4 000 N. Die beiden losen Rollen A und B vervierfachen die Kraft.

Bild 7: 333 N. Durch das Ziehen mit der Kraft F verringert die Person ihr Gewicht wiederum um F; im Gleichgewicht sind dann $F = \frac{1}{2}(G - F)$, also $F = \frac{G}{3} = 333$ N.

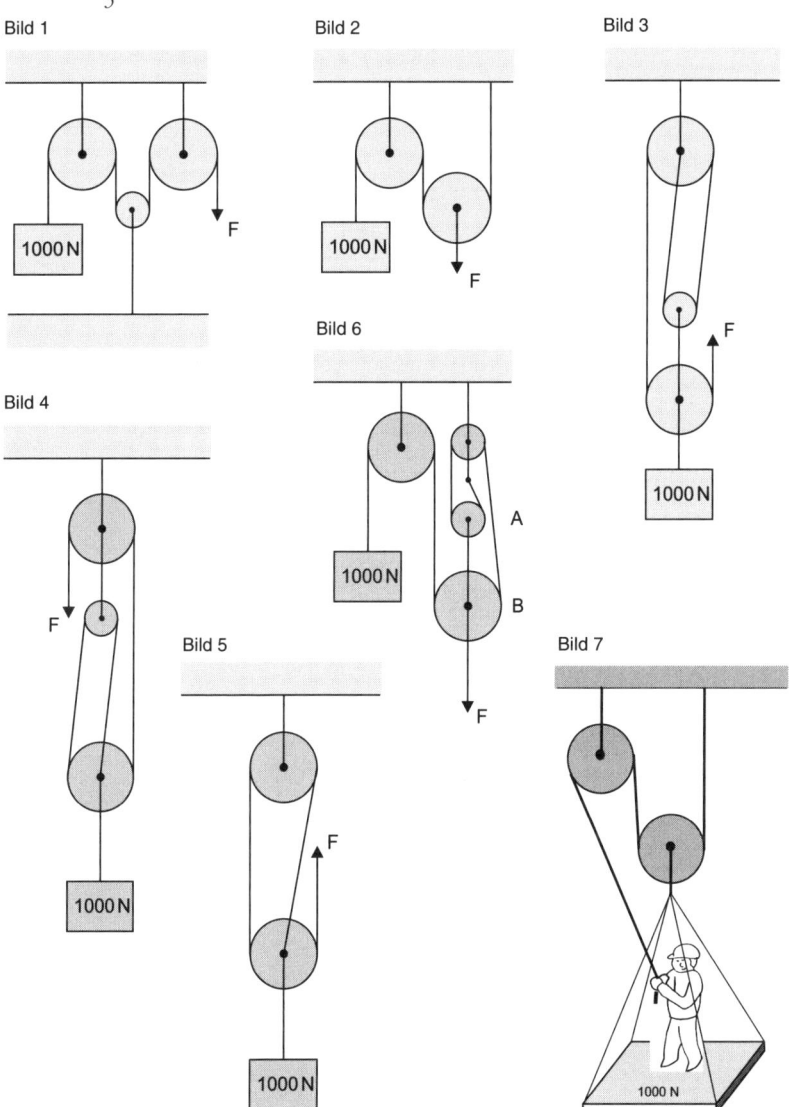

GE: Flaschenzug für Fortgeschrittene

Die Gewichtsstücke A und B haben
die gleiche Masse m und sind zum
Zeitpunkt t = 0 Sekunden 10 m vom
Boden entfernt. Welches Gewichtsstück bewegt sich nach oben, welches nach unten, wenn man beide
gleichzeitig losläßt?

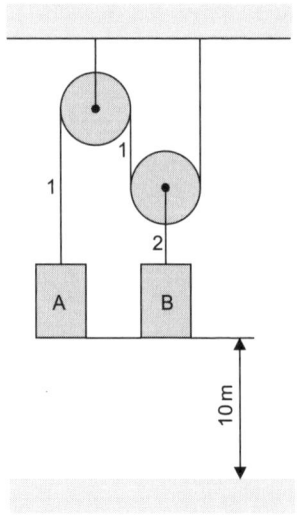

Lösung: Gewichtsstück A bewegt
sich nach unten, B nach oben. Dabei
ist die Beschleunigung a_A doppelt so
groß wie a_B, aber entgegengesetzt.
Und nach 2,45 Sekunden berührt
das Gewichtsstück A den Boden.

Wie kommt man darauf?

Es ist leicht einzusehen, daß in der
gleichen Zeitspanne A den doppelten Weg wie B zurücklegt. Deshalb
gilt für die Beschleunigung:

$$a_A = -2\,a_B\,.$$

Bei losgelassener Anordnung wirkt im Seilstück 1 die Kraft:

$$F = mg - \frac{1}{2}mg = \frac{1}{2}mg\,.$$

Diese Kraft F beschleunigt die Masse A und die Hälfte der Masse von B
mit a_A. Also:

$$\frac{1}{2}mg = \left(m + \frac{1}{2}m\right)a_A$$

$$a_A = \frac{1}{3}g \approx 3{,}33\,\frac{m}{s^2} \quad \text{und} \quad a_B \approx -1{,}67\,\frac{m}{s^2}$$

Damit beträgt die Fallzeit von A:

$$t = \sqrt{\frac{2\,h}{a_A}} = \sqrt{\frac{20\ m}{3{,}33\,\frac{m}{s^2}}} = 2{,}45\ s\,.$$

Würde A frei fallen, ergäbe sich eine Fallzeit von $t = \sqrt{\dfrac{2\,h}{g}} = 1{,}41\ s.$

Zwei gleichförmige Bewegungen überlagern sich

DIN-A3-Blatt • *Bleistift* • *längeres Lineal*

Zwei Schüler drücken (nicht zu fest) links und rechts auf ein Lineal, unter dem ein DIN-A3-Blatt liegt. Ein dritter Schüler zieht mit gleichförmiger Geschwindigkeit das Papier zu sich heran. Gleichzeitig zieht der Lehrer (ebenfalls mit konstanter Geschwindigkeit) entlang der Linealkante einen Strich von links nach rechts. Es überlagern sich zwei Bewegungen. Das Ergebnis ist eine schräg nach unten laufende Gerade. Haben beide Geschwindigkeiten den gleichen Betrag, entsteht eine Gerade unter genau 45°.

Falls eine verschiebbare Wandtafel zur Verfügung steht, gelingt dieser Versuch auch mit einem langen Lineal, das zwei Schüler festhalten.

Der waagerechte Wurf: Schattenbild

Wasseranschluß • *langer Schlauch* • *Glasröhrchen mit Spitze* • *Stativmaterial* • *Dia- oder OHP als Lichtquelle* • *Verdunklung*

Die Abbildung zeigt den Aufbau der „Wasserspritze". Sie drehen den Wasserhahn auf und regulieren den Druck so, daß das Wasser gerade das Waschbecken trifft. Die Wurfparabel des Wasserstrahls läßt sich gut im Schattenbild auf der Wandtafel darstellen. Ein Schüler kann an der Wandtafel das Bild der Parabel nachzeichnen.

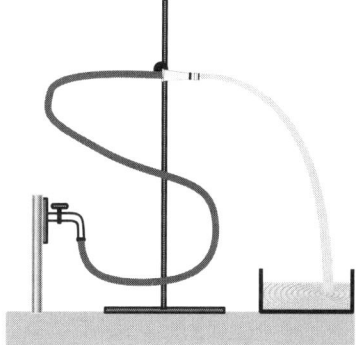

Sie sollten den Schülern deutlich machen, daß es sich beim waagerechten Wurf *nur im Vakuum* um eine Überlagerung einer beschleunigten und einer unbeschleunigten Bewegung handelt. Erst der Luftwiderstand macht aus der waagerechten Komponenten eine gebremste Bewegung.

Gleich- und ungleichförmige Bewegungen überlagern sich

DIN-A3-Blatt • Bleistift • längeres Lineal • 2 gleiche Radiergummis • eventuell 2 Holzkugeln

a) Der Versuch läuft so ab wie der auf Seite 29 beschriebene, nur diesmal geschieht das Wegziehen des Blattes oder das gleichzeitige Ziehen des Striches beschleunigt – also mit zunehmender Geschwindigkeit. Das Ergebnis ist eine Parabel. Sie symbolisiert den waagerechten Wurf: in horizontaler Richtung (x) die Wurfbewegung, in senkrechter Richtung (y) die Fallbeschleunigung g.

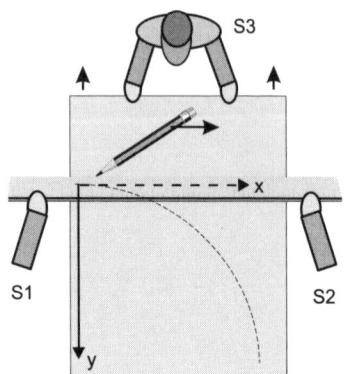

b) Der Lehrer schnipst von der Tischkante einen Radiergummi circa 2 m weit fort. Zur gleichen Zeit stößt ein Schüler einen anderen Radiergummi, der auf der Tischkante „auf Kippe" liegt, leicht an, so daß er herunterfällt. Man kann gut erkennen, daß beide Versuchskörper gleichzeitig auf den Boden treffen. Mit zwei Holzkugeln als Versuchskörper kann man den gleichzeitigen Aufprall auch hören, denn das menschliche Ohr kann Zeitunterschiede von weniger als einer zehntausendstel Sekunde wahrnehmen.

Der freie Fall

2 gleich große, aber unterschiedlich schwere Kugeln

Sie lassen zwei gleich große Kugeln, eine aus Stahl und eine aus Holz, aus circa 3 m Höhe gleichzeitig fallen. Dazu steigen Sie auf den Tisch und zusätzlich noch auf einen Stuhl und halten beide Kugeln an die Decke. Erreichen beide Kugeln zu gleicher Zeit den Boden?

Auf die Kugeln wirken zwei Kräfte: Die Gewichtskraft F_G nach unten und der Luftwiderstand F_L entgegengesetzt nach oben. Während des Fallens gilt:

$$F_G - F_L = m \cdot a,$$

wobei m die träge Masse ist.

Für die Gewichtskraft F_G kann man m · g schreiben (mit m als „schwerer" Masse und g als Maß der Feldstärke):

m · g = m · a + F_L .

Schwere und träge Masse sind vom Betrag her gleich.

Der Luftwiderstand kann bei gleichem Kugelvolumen vereinfacht als konstante Kraft angesehen werden, obwohl das strenggenommen nur für die Startphase gilt, denn $F_L \sim v^2$.

Nach a umgestellt lautet die Gleichung:

$$a = \frac{m \cdot g - F_L}{m}$$

$$a = g - \frac{F_L}{m}$$

Mit steigender Masse (besser: Trägheit) wächst also die Anfangsbeschleunigung, weil auf beide Körper die gleiche Luftwiderstandskraft F_L einwirkt. Die schwerere (besser: trägere) Kugel erreicht den Boden zuerst.

GE: Galilei kontra Aristoteles

Aristoteles war der festen Überzeugung, daß Körper mit zunehmender Masse auch rascher zu Boden fallen. Galilei aber folgerte: Wenn man unter einen schweren Körper einen leichteren legt, müßte der leichtere den schwereren Körper beim Fallen abbremsen. Und beide zusammen müßten folglich langsamer fallen als der schwere allein. Das aber steht im Widerspruch zur Aussage von Aristoteles.*

Nur ein Experiment kann diese Frage eindeutig klären: Sie vergleichen den Fall einer Postkarte mit dem eines Buches und legen dann die Postkarte einmal unter, das andere Mal auf das Buch.

Es eignen sich auch ein Pfennig- und ein Fünfmarkstück. Einmal legen Sie das Pfennigstück unter, einmal auf das Fünfmarkstück und lassen beide Münzen gemeinsam fallen.

---

* Galilei hat mit seiner Argumentation nur recht, wenn die umgebende Luft keinen Einfluß auf die Bewegung nimmt.

Fallbeschleunigung

> **Verschiedene kleine Gegenstände • Stoppuhr • Lot und Bandmaß**

Sie messen mit einem heruntergelassenen Lot die Höhe eines hochgelegenen Fensters. Dann lassen Sie kleine, schwere Gegenstände herunterfallen (Metallkugel, Geldstück, Schraube ...). Beim Loslassen rufen Sie: „Ab". Ein Schüler, unten im Hof, betätigt die Stoppuhr. Die Fallzeit stoppt er ab. Ein zweiter Schüler führt Protokoll:

Gegenstand	Masse in g	Fallweg in m	Fallzeit in s

An der Tafel rechnen die Schüler aus: $g = \dfrac{2 \cdot s}{t^2}$.

Annähernd kommt für die Fallbeschleunigung g der Wert $10 \frac{m}{s^2}$ heraus. Sie weisen auf mögliche Fehler hin:

- Fehler beim Abstoppen (geschätzt): 0,1 s,
- Schallweg vom Fenster zum Hof bei 15 m Fallhöhe:

$$t = \frac{s}{v} = \frac{15 \text{ m}}{330 \frac{m}{s}} = 0,05 \text{ s,}$$

- Einfluß des Luftwiderstands (geschätzt): 0,05 s.

Die Fallbeschleunigung hängt nicht von der Masse ab. Das gilt aber nur, wenn der Luftwiderstand klein bleibt.

Reaktionszeit

> **Langer Holzmaßstab • Kreide**

Sie messen die Reaktionszeit Ihrer Schüler. Dazu pressen Sie einen 1 m langen Holzmaßstab lotrecht an die Wand. Vorher haben Sie an der Wand die Nullmarke des Holzmaßstabes markiert. Hier hält der Kandidat seinen rechten Daumen (Linkshänder: linker Daumen) „drückbereit". Dann lassen Sie den Holzmaßstab plötzlich los. Der Schüler muß möglichst schnell den freien Fall mit seinem Daumendruck unterbrechen. Sie lesen den Fallweg s ab, und die Schüler rechnen die Reaktionszeit t aus:

$$t = \sqrt{\frac{2 \cdot s}{g}}$$

GE: Beschleunigte Bewegung

Sie lassen von Punkt A aus eine Kugel abwärts rollen. Auf welchem
Weg ist die Kugel eher unten:

– ABC oder
– ADC?
– Oder ist die Kugel in
  beiden Fällen gleich
  schnell unten, weil
  beide Wege gleich
  lang sind?

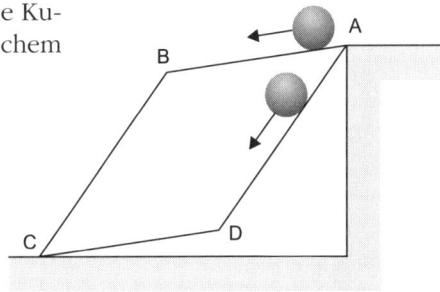

Die Kugel auf dem Weg ADC ist eher unten. Durch den steileren Abfall
auf der ersten Teilstrecke AD hat die Kugel eine höhere Endgeschwin-
digkeit und damit für den Rest der Strecke eine größere Anfangsge-
schwindigkeit.

Fallen und Drehen

Dachlatte • Scharnier • Kugel • Becher

Sie verbinden eine 1,20 lange Dachlatte über ein Scharnier mit einem
kurzen Lattenstück. Am anderen Ende befindet sich eine Senkbohrung,
die gerade so groß ist, daß eine Kugel nicht herausfällt, wenn Sie die
Dachlatte unter 45° halten. Die Unterseite ist hier mit einem kleinen
Stück Schaumstoff gepolstert. Etwa 35 cm von der Senkung entfernt
befestigen Sie eine kleine Plastikschale (oder den Becher eines Teelichts).

Mit einem Fuß halten Sie das kurze Lattenstück auf dem Boden fest
(Drehpunkt A) und heben mit der einen Hand die bewegliche Latte
etwa 0,85 m hoch – das entspricht einem Winkel von α = 45°. Mit der
anderen Hand legen Sie die Kugel in die vorbereitete Senkung und
fragen die Schüler:
*„Wer erreicht eher den Boden, die Kugel oder das Ende der Latte? Oder
sind beide gleichzeitig unten?"*

Zum besseren Verständnis zeichnen Sie die Ausgangssituation an die
Tafel. Die meisten Schüler wissen aus vorangegangenen Experimenten,
daß die Fallbeschleunigung unabhängig von der Masse des Körpers ist
– falls vom Luftwiderstand abgesehen wird. Die Schüler werden

antworten, daß beide, Kugel und Lattenende, gleichzeitig am Boden ankommen.

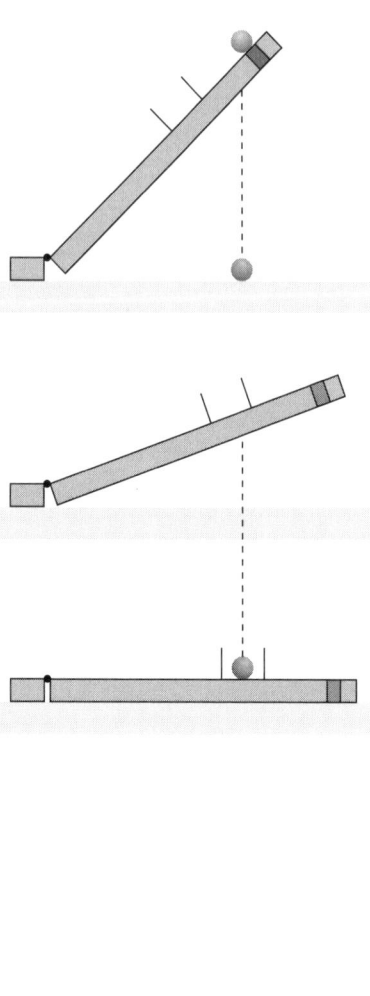

Aber das ist ein Trugschluß, denn die Aussage über den freien Fall gilt nur für „freie Körper". Und die Latte ist *kein* freier Körper. Das Lattenende fällt mit einer größeren (Anfangs-) Beschleunigung als die Kugel! Zum anschaulichen Beweis lassen Sie das Lattenende mit der darin liegenden Kugel fallen. Nach dem Aufprall auf den Boden befindet sich die Kugel in der Plastikschale! Die Kugel muß also deutlich langsamer als das Lattenende gefallen sein.

Um letzte Zweifel auszuräumen, lassen Sie ein geteiltes langes Brett, das in der Mitte von einem Scharnier unterbrochen ist, um den Drehpunkt A fallen. Deutlich ist zu erkennen, daß das bewegliche längere Ende während des Fallens zurückbleibt und spürbar später auf den Boden schlägt. Die größere Trägheit ist der Grund für das Zurückbleiben. Umstürzende Schornsteine knicken während des Fallens etwa in der Mitte ein: Die Trägheitskraft ist dann größer als die Zusammenhangskraft der Mauersteine.

GE: Kann man die (Anfangs-)Beschleunigung noch weiter vergrößern, wenn man an das obere Lattenende ein Zusatzgewicht hängt?

Genau das Gegenteil tritt dann ein: Die (Anfangs-)Beschleunigung verringert sich! Würde man das Zusatzgewicht weit unten in der Nähe des Drehpunktes A anbringen, vergrößert sich die Beschleunigung. Dann wird nämlich der Punkt der Latte, der mit der Fallbeschleunigung fällt, weiter nach unten verlagert.

GE: Überlagerte Fallbewegung

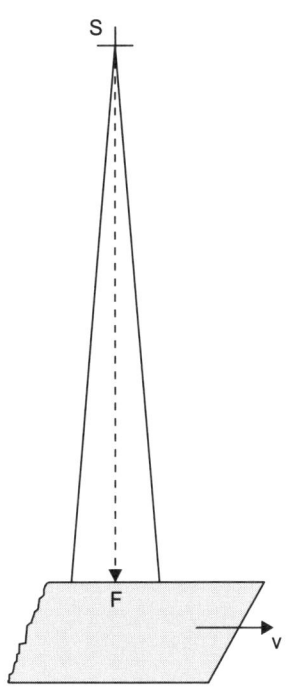

Ein Matrose läßt einen Stein von der Mastspitze S eines stehenden Schiffes senkrecht nach unten fallen. Von dem Einfluß der Erddrehung einmal abgesehen, trifft der Stein am Fußpunkt F des Mastes auf. Wo landet der Stein aber, wenn das Schiff nicht steht, sondern mit geradliniger, gleichmäßiger Geschwindigkeit v fährt? Trifft der Stein weiter entfernt vom Mast auf (während der Fallzeit bewegt sich das Schiff ja weiter)?

Die *Antwort* lautet: nein. Der Stein trifft wieder am Fußpunkt auf. Unter der Wirkung der Schwerkraft fällt der Stein genau senkrecht nach unten. Er setzt aber gleichzeitig aufgrund seiner Trägheit von Fallbeginn an die Bewegung des Schiffes mit fort.

GE: Fallender Körper will nach Osten

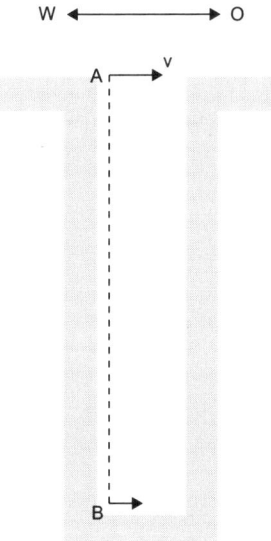

Vom Rand eines tiefen Schachtes lassen Sie bei A eine Kugel fallen. Fällt sie entlang eines (gedachten) Lots und trifft sie genau bei B auf?

Antwort: Ja, wenn sich die Erde nicht drehen würde. Da sich aber in unseren Breiten die Erde mit $v_1 = 286 \frac{m}{s}$ von West nach Ost dreht, hat die Kugel bei A eine größere Umlaufgeschwindigkeit als bei B. Aufgrund der Trägheit behält die fallende Kugel die größere Geschwindigkeit bei und eilt dem Auftreffpunkt des Lotes um wenige mm nach Osten voraus.

$$v_1 = v_{\text{Äquator}} \cdot \cos 52° = 464\,\frac{m}{s} \cdot 0,6157 \approx 286\,\frac{m}{s}$$

Erdradius: 6 378 160 m, Radius in 200 m Tiefe: 6 377 960 m

Geschwindigkeitsunterschied $\Delta v = 0,01454\,\frac{m}{s}$

Fallzeit $t = 6,4$ s

Abweichung $s = 0,01454\frac{m}{s} \cdot 6,4$ s $\approx 9\,\text{mm}$

GE: Trägheit und Gewicht auf dem Mond

Ein Astronaut will auf dem Mond mit der 7,25-kg-Kugel den Kugel-stoß(welt)rekord brechen. Zum Hochheben der Kugel benötigt er nur circa $\frac{1}{6}$ der Kraft, die er auf der Erde aufbringen müßte, denn die Fallbeschleunigung beträgt aufgrund der kleineren Mondmasse nur:

$$g_{\text{Mond}} = 1,6\,\frac{m}{s^2}$$

$$F_G = m \cdot g_{\text{Mond}}$$

Beim Wegstoßen muß er allerdings die Trägheit m = 7,25 kg der Kugel überwinden. Sie ist genauso groß wie auf der Erde oder sonstwo. Mit seiner unveränderten Körperkraft F erteilt der Astronaut der Kugel die gleiche Beschleunigung wie auf der Erde: $a = \frac{F}{m}$.

Der Weltrekord ist also nicht in Gefahr – falls er die Kugel waagerecht wegstößt. Tatsächlich wird die Kugel aber unter einem Winkel von circa 45° weggestoßen, so daß aufgrund der längeren Fallzeit die Kugel auch weiter fliegt.
Bei dieser Überlegung ist der Luftwiderstand auf der Erde wegen Geringfügigkeit nicht berücksichtigt.

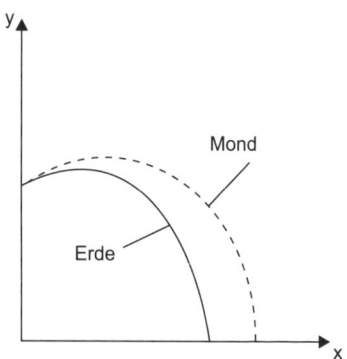

Überlistete Schwerkraft

*Kilogramm-Gewicht oder schwere Kugel mit Haken •
kräftiger Deckenhaken • zwei gleiche, dünne Fäden •
Stange aus Holz*

Sie hängen das Kilogramm-Gewicht (oder die schwere Kugel) mit einem dünnen Faden an einen kräftigen Deckenhaken und befestigen an der

Unterseite noch einmal einen Faden aus dem gleichen Material. Nun ziehen Sie an einer kleinen Stange aus Holz, die an dem unteren Faden befestigt ist. Wo reißt der Faden zuerst, bei a oder bei b?

Wenn Sie langsam ziehen, kommt zu der Schwerkraft F_G des Kilogramm-Gewichts (die den oberen Faden unter Vorspannung setzt) noch die Zugkraft F am unteren Faden hinzu. Dann reißt der obere Faden.

Ziehen Sie dagegen ruckartig, reißt der untere Faden. Die Trägheit des Kilogramm-Gewichtes verhindert, daß sich die Zugkraft F auf den oberen Faden überträgt.

Mit etwas Geschick können Sie auch einen etwas stärkeren unteren Faden zum Zerreißen bringen.

Newton 2: Kraft ist Masse mal Beschleunigung

Tafelbild ● *Experimentierwagen* ● *Massestücke* ● *Rolle*

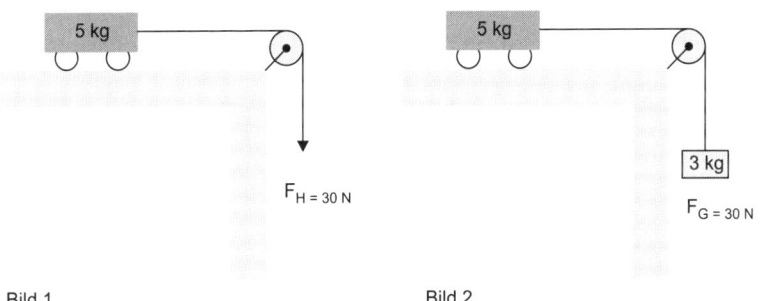

Bild 1   Bild 2

Das zweite Newtonsche Gesetz ist den meisten Schülern der Sekundarstufe I und II bekannt: Kraft ist Masse mal Beschleunigung. Oder: Gleiche Kräfte beschleunigen Körper mit gleicher Masse gleich schnell. Aber stimmt das auch hier?

Einmal wird der Wagen mit einer Handkraft F_H = 30 N (Bild 1) und einmal mit einer Gewichtskraft F_G = 30 N (Bild 2) beschleunigt.

Im ersten Fall „überwindet" die Handkraft F_H = 30 N die Massenträgheit m = 5 kg des Wagens und beschleunigt ihn auf:

$$a = \frac{F_H}{m} = \frac{30\,N}{5\,kg} = 6\,\frac{m}{s^2}\,.$$

Im zweiten Fall muß die Gewichtskraft zwei träge Massen in Bewegung setzen: die Trägheit des Wagens (m_1 = 5 kg) und die Trägheit des Gewichtsstückes selbst (m_2 = 3 kg). Die Beschleunigung erfolgt jetzt langsamer!

$$a = \frac{F_G}{m_1 + m_2} = \frac{30\,N}{5\,kg + 3\,kg} = 3{,}75\,\frac{m}{s^2}$$

Fall 1 lassen Sie an der Tafel vorrechnen. Fall 2 überprüfen Sie auf dem Experimentiertisch mit den Massen m_1 = 0,5 kg und m_2 = 0,3 kg.

Schwerelosigkeit

Kraftmesser 10 N • *Kilogramm-Gewicht*

Steigen Sie wieder auf Tisch und Stuhl, aber diesmal hängen Sie das Kilogramm-Gewicht an einen Kraftmesser. Der Kraftmesser zeigt circa 10 N an, bevor Sie das „System" fallenlassen. Während des freien Falles können die Schüler gut beobachten, wie der Kraftmesser auf Null zurückschnellt.

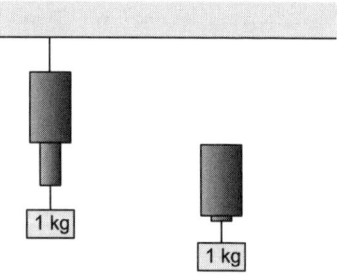

Kraftmesser und Gewichtsstück als ein „beschleunigtes System" sind während des freien Falles schwerelos. Mit anderen Worten: Schwerkraft und Trägheitskraft heben sich gegenseitig auf.

Trägheitskraft

An einem einfachen Beispiel erläutern Sie den Begriff der Trägheitskraft. Dazu stellen Sie sich auf eine Personenwaage und halten einen schweren Medizinball in der Hand. Ihre Masse soll 75 kg betragen, der Medizinball wiegt 10 kg. Die Waage zeigt die Gewichtskraft F_G an:

$$F_G = (m_1 + m_2) \cdot g$$

$$F_G = (75 \text{ kg} + 10 \text{ kg}) \cdot 9{,}81 \frac{m}{s^2}$$

$$F_G \approx 850 \text{ N}$$

Nun werfen Sie den Ball mit aller Kraft nach oben, so daß die Waage kurzfristig 1 000 N anzeigt. Die Differenz von 1 000 N minus 850 N = 150 N ist die zum Beschleunigen notwendige Kraft F_B .

$$F_B = m \cdot a$$

$$a = \frac{F_B}{m} = \frac{150 \text{ N}}{10 \text{ kg}} = 15 \frac{m}{s^2}$$

Das ist die Beschleunigung, die der Ball erfährt. Nun ruft jede Kraft sofort eine dem Betrag nach gleiche, aber entgegengesetzt gerichtete Wirkung – die Gegenkraft – hervor. Die Gegenkraft zur Beschleunigungskraft ist die Trägheitskraft F_T :

$$F_B = - F_T \text{ oder } F_T = - F_B .$$

Sie wird kurzfristig zur Gewichtskraft addiert.
Während der Ball in der Luft ist, wird er von Ihnen nicht mehr beschleunigt. Die Waage zeigt nur noch Ihre Gewichtskraft an.

GE (oder Handversuch): Trägheit und Inertialsystem

*Ca. 1 m langes Holzbrett mit Haken • Umlenkrolle am Tisch
• Gewichtsstück mit Schnur • kleiner Rollwagen mit Haken
• Kraftmesser • Modell eines Beobachters (evtl. kleine Puppe)*

Auf ein langes Holzbrett befestigen Sie einen Stuhl aus einer Puppen-stube und kleben darauf eine kleine Figur. Diese Figur soll den Schüler als Beobachter B im mitbeschleunigten System darstellen. Vor den Stuhl mit dem Beobachter stellen Sie einen Rollwagen. Jetzt verbinden Sie das Brett mit einer Schnur, an der ein passendes Gewichtsstück hängt, und lassen es über eine Umlenkrolle beschleunigen (Bild 1).

Bild 1

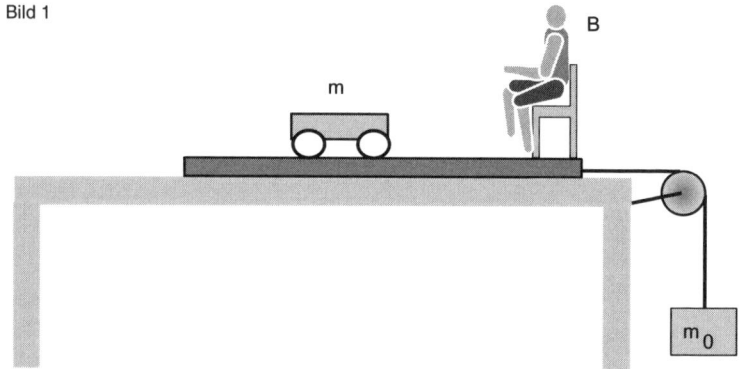

B sagt: „Der Wagen rollt von mir weg, von einer mir unbekannten Kraft beschleunigt. Ich könnte die Kraft F (es ist die Trägheitskraft) mit einem Kraftmesser messen und den Wagen in Ruhe halten. Mit dem Wert der Kraft F und der Wagenmasse m könnte ich die Beschleunigung ausrech-nen: $a = -\dfrac{F}{m}$."

Was berichtet der außenstehende Beobachter A (Bild 2, siehe S. 41)?

A sagt: „Der Wagen bleibt relativ zum Tisch in Ruhe. Wenn ein Kraftmesser zwischen B und dem Wagen vorhanden ist, wird der Wagen mitbeschleunigt; es wird auf ihn eine Kraft ausgeübt. Diese Kraft kommt von der angehängten Gewichtskraft. Die beiden Kräfte, die die Feder des Kraftmessers verlängern, sind die Gewichtskraft $m_0 \cdot a$ und die Reaktionskraft des Wagens $m \cdot a$. Diese Kräfte sind unterschiedlich groß!"

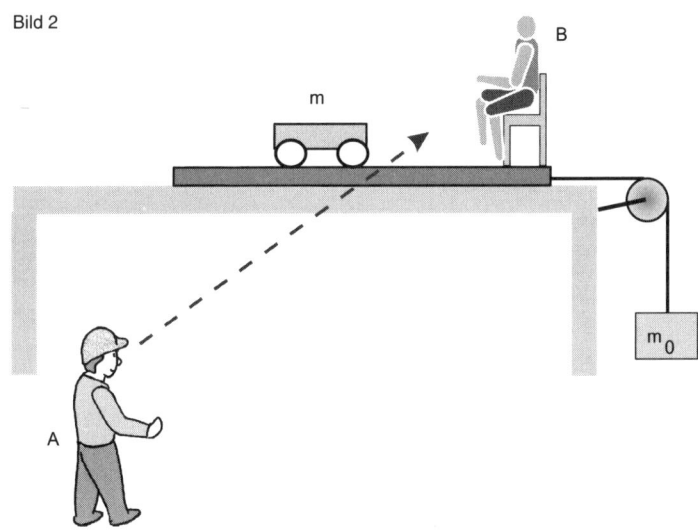

Bild 2

GE: Äußere Kräfte, innere Kräfte, abgeschlossenes System

a) Sie setzen sich auf einen Schlitten und bewegen sich ruckartig nach hinten. Warum macht jetzt der Schlitten ebenfalls einen Satz nach hinten? Bleibt nicht der gemeinsame Schwerpunkt eines Systems, an dem Kräfte angreifen, immer am selben Ort?

Das Gesetz, daß der Schwerpunkt eines abgeschlossenen Systems (hier Mensch und Schlitten) sich nicht verlagert, gilt nur, wenn ausschließlich *innere Kräfte* wirken. Wenn Sie dagegen, auf einem Schlitten sitzend, sich ruckartig nach hinten bewegen, reagiert der Schlitten mit einer äußeren (Reaktions-)Kraft: der Haftreibung. Die beiden reibenden Flächen Kufe und Schneedecke verschieben sich aber erst dann gegeneinander, wenn die antreibende Kraft einen bestimmten Betrag überschreitet. Falls Sie Ihren Oberkörper nur langsam nach hinten bewegen, bleibt der Schlitten in Ruhe, weil dann die Haftreibung überwiegt.

Ein Astronaut in seiner Raumkapsel könnte sich auf diese Weise nicht vorwärtsbewegen, weil es im Weltall keine äußeren Kräfte gibt.

b) Sie bauen ein kleines Gerüst auf den Experimentierwagen und hängen als Pendel eine Kugel auf. Wenn Sie die Kugel in Schwingung versetzen, weicht der Wagen jeweils nach der entgegengesetzten Richtung aus. Der gemeinsame Schwerpunkt bleibt in Ruhe. Es herrschen *nur innere Kräfte:* Zug am Pendelkörper und Massenträgheitskraft.

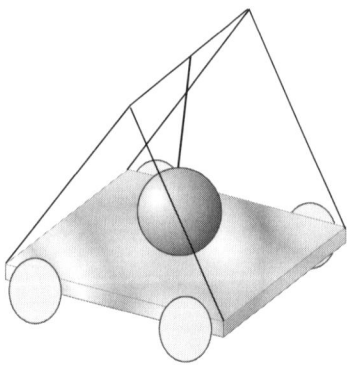

Es handelt sich hier um ein abgeschlossenes System, wenn die Reibung des Wagens am Boden (das ist eine äußere Kraft) vernachlässigt wird.

Kein Bruch

Sie sägen aus einer ca. 2 cm dicken Spanplatte eine 2 bis 3 cm breite und etwa 100 cm lange Leiste. Zwei Tische stehen sich im Abstand von weniger als 1 m gegenüber; auf den Tischen stehen dicht am Rand zwei Wassergläser. Sie legen die Leiste auf den Rand der Gläser.
Nun schlagen Sie mit einem kräftigen Holzstock hart und heftig auf die Mitte der Latte. Die Latte zerbricht, ohne daß die Gläser zerstört werden.

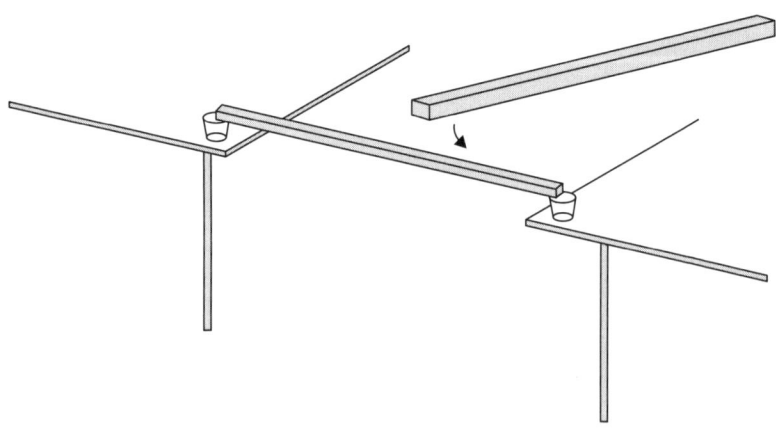

Trägheit der Luft

Holzbrett • *eine Lage Zeitungspapier* • *Hammer*

Luft ist ein Körper, hat also eine Masse, ein Gewicht und ist träge. Die Trägheit einer Luftmasse zeigen Sie mit diesem Handversuch:

Ein Brett aus dünnem Holz (kein Sperrholz, vielleicht ein Kistendeckel) legen Sie auf den Tisch und lassen es etwa 20 cm über der Tischkante überstehen. Der Rest wird mit einer großen Zeitung abgedeckt. Die Zeitung soll Brett und Tisch gut berühren.

Wenn Sie jetzt leicht auf das Brett drücken, heben Sie die Zeitung mühelos hoch. Wenn Sie aber mit einem Hammer (oder mit der Handkante) fest auf das überstehende Brett schlagen, bricht es an der Kante ab. Die über der Zeitung lastende Luftmasse ist träge und verhindert ein Hochschlagen der Zeitung.

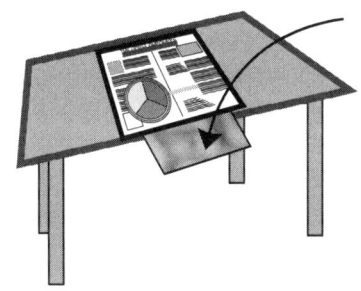

Ruhende Luft besitzt eine große Trägheitskraft. Der Luftdruck kann als Ursache der Gegenkraft ausgeschlossen werden, denn er ist über und unter der (dünnen) Zeitung gleich groß.

Schiefe Ebene

a) Holzbrett (Gewicht etwa 10 N) mit Haken • *Kraftmesser 10 N* • *Stativklemme* • *Winkelmesser*

Sie hängen einen Kraftmesser in den am Holzbrett befestigten Haken und heben das Brett leicht an. Der Kraftmesser zeigt etwa die Hälfte des Gewichts an. Eine Stativklemme am anderen Brettende verhindert das Wegrutschen. Nun heben Sie das Brett weiter an. Achten Sie darauf, daß der Kraftmesser *senkrecht* zum Brett gehalten wird.

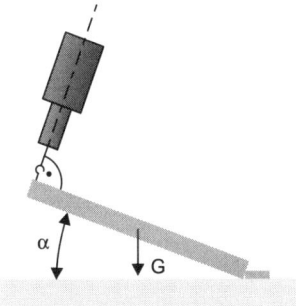

Der Kraftmesser zeigt immer geringere Beträge an, da ja die andere Brettseite die Unterlage stärker belastet. Steht das Brett schließlich senkrecht, ist die Kraft Null.

$$F = \frac{1}{2} \cdot F_G \cdot \cos \alpha$$

Bei einem Brettgewicht von 10 N und einem Winkel von $\alpha = 45°$ zeigt der Kraftmesser:

F = 0,5 · 10 N · 0,707
F ≈ 3,5 N an.

b) Kraftmesser 10 N ● Wagen auf Rollen ● Tisch zum Kippen ● Stativ

Sie hängen den Kraftmesser mit der Öse an ein Stativ und mit der Feder an einen Wagen von ca. 1 kg Masse. Steht der Tisch waagerecht, zeigt der Kraftmesser F = 0 N an. Je stärker Sie den Tisch nun kippen, desto größer ist die Hangabtriebskraft. Steht der Tisch schließlich senkrecht, ist der Höchstwert erreicht und der Kraftmesser nimmt das Gesamtgewicht F_G auf.

F = F_G · sin α
F = 10 N · sin 90°
F = 10 N

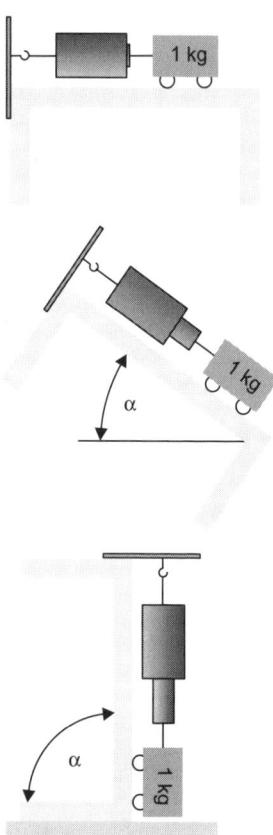

Schwerpunkt

Pappe • **Fäden mit Schlaufe** • **Bindfaden mit Lot** • **Stift**

Sie stellen aus Pappe (oder besser noch aus Sperrholz) den abgebildeten Pendelkörper her und pieksen an beliebigen Stellen A, B und C ein Loch hinein. Dann ziehen Sie einen Bindfaden, der am unteren Ende eine Schlaufe hat, durch das Loch. Sie hängen den Pendelkörper an den Deckenhaken. Ein Knoten im Faden verhindert, daß der Pendelkörper durchrutscht. Jetzt hängen Sie ein Lot in die Schlaufe und ziehen entlang des Lotfadens einen Strich auf die Pappe. Dann hängen Sie den Körper an den Löchern B und C auf und wiederholen den Vorgang.

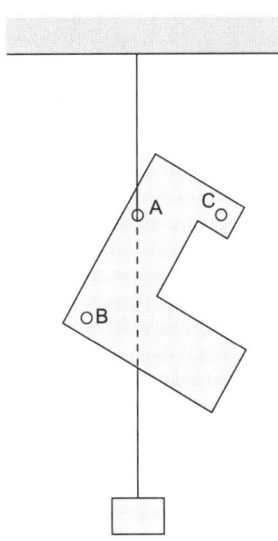

Der Schnittpunkt der Linien ist der Schwerpunkt des Körpers. Der Schwerpunkt eines frei beweglichen Körpers befindet sich immer lotrecht unter dem Aufhängepunkt.

Schwerpunkt und Kippen

Holzklotz • **etwa gleich große Holzschachtel** • **Stift** • **kleines Lot** • **Streichholzschachtel oder ähnliches** • **Sand**

Im Flächenschwerpunkt (Schnittpunkt der Flächendiagonalen) eines größeren Holzklotzes haben Sie ein kleines Lot angebracht, das die Tischplatte gerade nicht berührt (1, siehe S. 46). Nun stellen Sie eine Streichholzschachtel so unter den Klotz, wie es Bild (2) zeigt. Warum kippt der Klotz nicht um?

Solange das im Schwerpunkt befestigte Lot durch die Standfläche geht, steht der Klotz stabil. Wenn das Lot über die Kippkante wandert (3), kippt der Klotz um. Mit einer kleinen Holzschachtel wiederholen Sie die Kippfolge (1) bis (3). Aber warum kippt die Schachtel nicht um, obwohl das Lot weit über der Kippkante hängt (4)? Wie haben Sie die

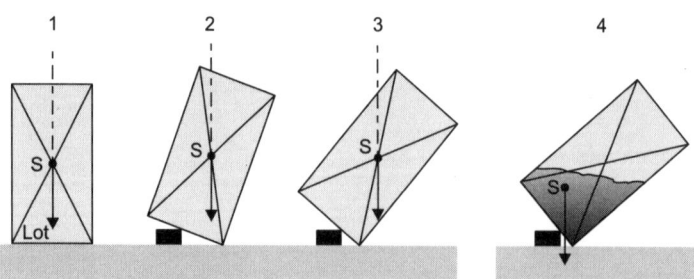

Schachtel präpariert? Bild 4 zeigt die Lösung: Die Holzschachtel ist zu einem Drittel mit Sand gefüllt.

Schwerpunkt mit Büchern

4 gleiche Bücher (eventuell Fliesen) ● *Tisch* ● *Schubkarton mit Deckel* ● *Gewichtsstück*

a) Der wievielte Teil eines Buches kann über einer Tischkante liegen, ohne daß das Buch herunterfällt? Ganz einfach: 50 Prozent (Bild 1). Das Buch liegt dann auf einer *Schwerelinie.*

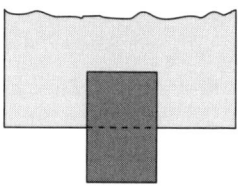

Bild 1

b) Sie legen das Buch auf die Eckkante des Tisches (Bild 2). Der wievielte Teil der Buchfläche muß liegen bleiben, damit das Buch nicht herunterfällt? Schon schwieriger: 25 Prozent. Jetzt liegt das Buch auf seinem *Schwerpunkt.*

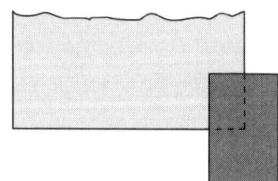

Bild 2

c) Probieren Sie einmal, mehrere *gleiche* Bücher an der Tischkante so aufeinanderzulegen, daß der Stapel möglichst weit übersteht (Bild 3). Schaffen Sie es, daß der überhängende Buchstapel eine ganze Buchlänge einnimmt? Wie müssen die Bücher zweckmäßigerweise übereinander liegen?

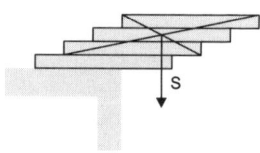

Bild 3

Soll der Überhang die Länge eines Buches einnehmen, brauchen Sie mindestens vier gleiche Bücher. Beim Stapeln müssen Sie nur darauf achten, daß der gemeinsame Schwerpunkt aller Bücher, die über einem darunterbefindlichen Buch liegen, auf einer Senkrechten liegt, die dieses Buch noch schneidet (in Bild 3 schneidet die Senkrechte s noch das unterste Buch).

d) Stellen Sie einen geschlossenen Schuhkarton so auf die Tischkante, daß er gerade noch nicht herunterfällt. Vorher haben Sie ein Kilogrammstück im Inneren des Kartons versteckt, das den Schwerpunkt in eine Ecke verlagert.

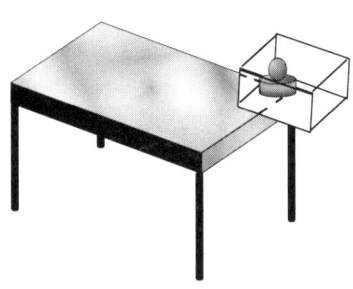

Balance

a) Korken • Bleistift • 2 Gabeln

Können Sie einen Korken auf einer Bleistiftspitze balancieren? Ja, wenn Sie zwei Gabeln so in den Korken stechen, wie es das Bild zeigt. Der gemeinsame Schwerpunkt der Gabeln liegt unter dem Auflagepunkt und sorgt so für ein stabiles Gleichgewicht.

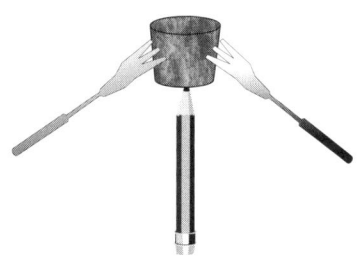

b) Trinkglas • Bierdeckel • 2 Gabeln

Klemmen Sie einen dicken Bierdeckel zwischen die Zinken von zwei Gabeln. Dann legen Sie die Kante des Bierdeckels so auf die Glaskante, wie es die Abbildung zeigt und richten die Gabeln aus. Das System ist im stabilen Gleichgewicht.

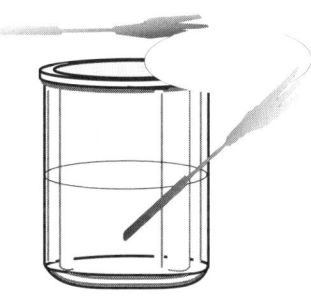

GE: Warum streckst du deine Arme aus, wenn du über eine schmale Mauer balancierst?

Wandert dein Schwerpunkt vom Auflagepunkt weg, drohst du umzufallen. Aber deine ausgestreckten Arme können das verhindern. Schnell und feinfühlig kommst du jeder noch so kleinen Schwerpunktverlagerung zuvor, wenn du deine Arme zur Korrektur auf- oder abbewegst. Meist machst du unbewußt und instinktiv eine gegenläufige Bewegung: Droht ein Fall nach links, hebst du den linken Arm hoch und streckst den rechten Arm weit von dir. Dein Körperschwerpunkt wandert nach rechts und die Wirkungslinie deines Gewichts nähert sich dabei dem Auflagepunkt. Du bist wieder im Gleichgewicht.

Gleitreibung

> *Holzklotz mit Haken* • *langes Brett mit Haken* • *Bindfaden* • *Kraftmesser* • *Umlenkrolle mit Tischbefestigung*

Bei Reibungsversuchen kommt es darauf an, daß man den Kraftmesser möglichst ungestört beobachten kann. Deshalb ziehen Sie nicht am Versuchskörper selbst, *sondern an der Unterlage*. Den Kraftmesser befestigen Sie am ruhenden Versuchskörper. Am Ergebnis ändert sich nichts. Die Gleitreibungszahl ist definiert durch:

$$\mu = \frac{F_R}{F_N} \,.$$

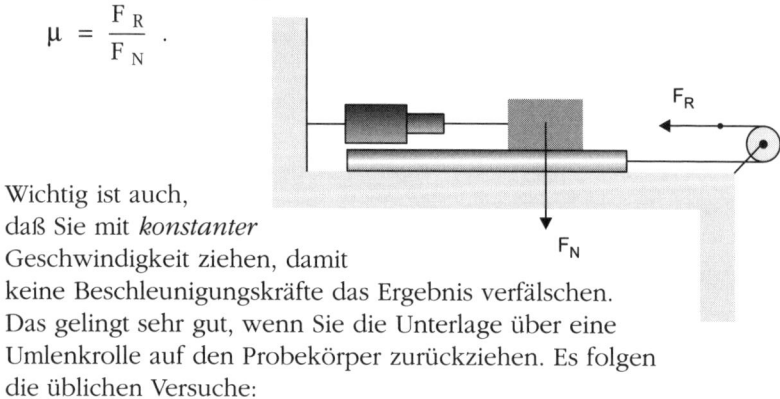

Wichtig ist auch, daß Sie mit *konstanter* Geschwindigkeit ziehen, damit keine Beschleunigungskräfte das Ergebnis verfälschen. Das gelingt sehr gut, wenn Sie die Unterlage über eine Umlenkrolle auf den Probekörper zurückziehen. Es folgen die üblichen Versuche:

a) Gleitgeschwindigkeit verändern,
b) Auflagefläche des Probekörpers verändern,
c) Probekörper mit Gewichtsstücken belasten,
d) Unterlage verändern, zum Beispiel anfeuchten.

Kippwinkel, Haftreibung, Gleitreibung, Rollreibung

Tisch mit glatter Oberfläche • *Holzklotz oder Buch* •
Lineal • *Winkelmesser* • *Zigarette*

Bei welchem Kippwinkel beginnt der Klotz zu rutschen? Der Klotz rutscht, wenn der Tangens des Kippwinkels größer oder gleich dem Haftreibungskoeffizient μ_H ist: $\tan \alpha \geq \mu_H$.
Dann ist die Hangabtriebskraft ein wenig größer als die Haftreibungskraft.
Wenn der Klotz einmal ins Rutschen gekommen ist, können Sie den Kippwinkel etwas verkleinern, denn die Gleitreibungskraft ist kleiner als die Haftreibung. Oder: $\mu_G < \mu_H$.
$\tan \alpha$ (und damit μ_H) bestimmen die Schüler, indem sie die Kipphöhe h durch den Abstand l der Tischbeine dividieren:
$$\tan \alpha = \frac{h}{l}.$$

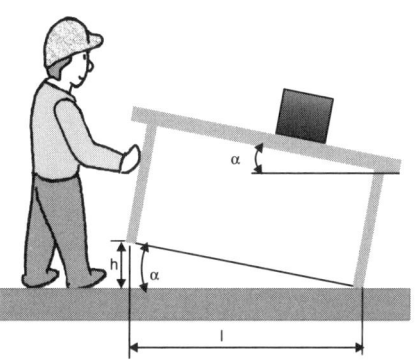

Dann zeigen Sie, daß die Haftreibung nicht von der Größe der Auflagefläche abhängig ist. Dazu legen Sie den Klotz einmal auf die große, dann flachkant auf die kleinere Rechteckfläche. Der Kippwinkel, bei dem der Klotz zu rutschen beginnt, ist in beiden Fällen der gleiche.

Zeigen Sie auch den Kippwinkel, bei dem sich ein zylindrischer Gegenstand, zum Beispiel ein runder Bleistift oder eine Zigarette, in rollende Bewegung setzt.

Haftreibung

Holzblock und Brett (gleiche Holzsorte)

Sie haben vielleicht gelernt, daß der Haftreibungskoeffizient μ_H im Höchstfall 1 sein kann. Aber das ist nicht richtig: Die Haftreibungskraft F_R kann die „Normalkraft" (meist das Körpergewicht) um ein Vielfaches übersteigen.

Beispiele	μ_H	maximaler Haftreibungswinkel
Reifen auf trockener Straße	1,0	45°
Aluminium auf Aluminium	1,5	56°
Styropor auf Styropor	2,1	65°
Plastikschaumschwamm auf Schmirgelpapier	29	88°

Und so kann man den Haftreibungskoffizienten (zum Beispiel für Holz) messen: Sie legen einen Holzblock auf ein Brett der gleichen Holzsorte und vergrößern den Neigungswinkel, bis der Block gerade beginnt, herunterzurutschen. Dieser Winkel ist der maximale Haftreibungswinkel und sein Tangenswert der Haftreibungskoeffizient μ_H. Für Aluminium auf Aluminium beträgt er 56° oder μ_H = 1,5.

Haften und Gleiten

Schlüssel mit Ring • Bleistift oder runder Holzstab

Der Schüler schiebt einen Schlüssel mit seinem Ring über einen runden Bleistift. Dann neigt er den Bleistift etwas, so daß der Schlüssel gerade noch nicht rutscht. Sowie der Schüler den Stift etwas dreht, beginnt der Schlüssel zu gleiten.

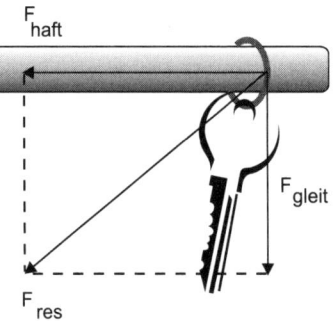

Erklärung: Zunächst verhindert die größere Haftreibung das Hinabgleiten. Dreht man den Stift etwas, so überlagern sich an den beiden gekrümmten Berührungsflächen die Haftreibung in Rutschrichtung und die Gleitreibung quer dazu. Der Gleitreibungsanteil in Längsrichtung wächst, der Schlüsselring stellt sich schräg und schließlich rutscht der Schlüssel in Richtung der resultierenden Kraft F_{res} abwärts.

Hebelarm und Hebelkraft

Streichhölzer

Sie brechen ein Streichholz in der
Mitte durch. Dann nehmen Sie eine
Hälfte und brechen diese wieder in
zwei Teile. Jetzt versuchen Sie, ein
Viertelstück zu zerbrechen. Warum
brauchen Sie eine immer größere
Kraft?

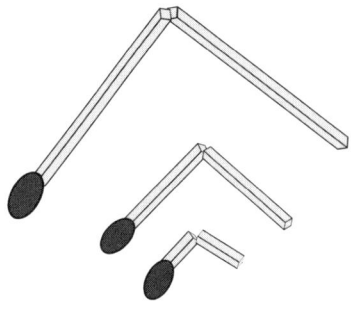

Der Hebelarm, an dem Sie die Fingerkraft ansetzen können, wird immer kleiner. Im gleichen Verhältnis
muß die Fingerkraft größer werden.

Das „Bruchmoment" aus Querschnittsfläche mal Bruchfestigkeit bleibt
aber immer gleich, und um es zu überwinden, brauchen Sie ein
„Biegemoment" aus Fingerkraft mal Hebelarm.

Hebelgesetz und Reibung

Langer Holzstab (Zeigestock, Lineal oder Besenstiel)

Der Schüler legt einen langen Holzstab auf seine ausgestreckten Zeigefinger. Dann soll er mit gleichmäßiger Geschwindigkeit beide Finger
aufeinander zubewegen. Was geschieht mit dem Holzstab? Verliert er
das Gleichgewicht und fällt hinunter?

Zuerst stellt der Schüler überrascht fest, daß sich beide Finger niemals
gleichzeitig bewegen. Außerdem bleibt der Holzstab auf den Fingern
liegen, ohne abzukippen. Zum Schluß liegt der Schwerpunkt des Stabes
genau über den beiden Fingern.

Wir nehmen an, daß der Schwerpunkt des Holzstabes nicht genau in
der Mitte, sondern bei Punkt x liegt. Anfangs ist das System im Gleichgewicht, denn die nach links drehenden Momente sind gleich den nach
rechts drehenden.

$$M_{links} = M_{rechts}$$
$$F_1 \cdot l_1 = F_2 \cdot l_2$$

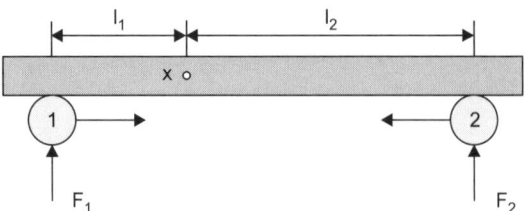

F_1 und F_2 sind die Lagerkräfte, die von den Fingern aufgenommen werden und l_1 und l_2 die jeweiligen Abstände vom Schwerpunkt x.
Jetzt soll Finger 1 in Ruhe bleiben und nur Finger 2 bewegt sich zur Mitte. Das bedeutet, daß die Haftreibungskraft F_{R1} am Finger 1 größer ist als die Haftreibungskraft F_{R2} am Finger 2.

$$F_{R1} = \mu_H \cdot F_1 > F_{R2} = \mu_H \cdot F_2$$

Dabei sind F_{R1} und F_{R2} die Reibungskräfte an den Fingern und μ_H die Haftreibungszahl.
Nun bewegt sich der Finger 2 ein ganzes Stück weiter, weil jetzt Gleitreibung an Finger 2 herrscht. Das bedeutet, daß die Reibungskraft kleiner ist als vorher, denn die Gleitreibungszahl μ_G ist kleiner als die Haftreibungszahl μ_H.

$$F_{R1} = \mu_H \cdot F_1 \gg F_{R2} = \mu_G \cdot F_2$$

Aber bald wird l_2, der Hebelarm zum Schwerpunkt, kleiner und damit F_2 größer, da ja immer noch das Drehmomentengleichgewicht $F_1 \cdot l_1 = F_2 \cdot l_2$ gilt.
Wenn $F_2 \cdot \mu_G$ größer wird als $F_1 \cdot \mu_H$, dann rutscht der Finger 1 zur Mitte, bis $F_1 \cdot \mu_H$ größer als $F_2 \cdot \mu_G$ wird. Das geht so lange weiter, bis die beiden Hebelarme gegen Null gehen. An dieser Stelle aber befindet sich der Schwerpunkt x des Holzstabes.

GE: Quietschende Kreide, tönende Geigensaite

Was haben beide gemeinsam? Richtig: Haft- und Gleitreibung wechseln sich ab! Die Gegensaite wird vom darüberstreichenden Bogen so lange mitgenommen, wie die Haftreibung größer als die elastische Spannung ist. Überwiegt die Spannung, schnellt die Saite zurück, die Gleitreibung setzt ein und bremst die schwingende Saite ab. Je öfter sich dieser Vorgang wiederholt, desto höher ist der Ton.
Ähnliches spielt sich bei der quietschenden Kreide ab. Eine zeitlang haftet die Kreide an der Tafel, aber führt man sie unter einem bestimmten Winkel, fängt sie an zu gleiten und zu quietschen.

Fahrradkette und Reibung

Saubere, offene Fahrradkette • glatter Tisch • Maßstab

Sie legen eine offene Fahrradkette der Länge L ausgestreckt auf den glatten Tisch und lassen ein Ende etwas überhängen. Die Kette bleibt in Ruhe, weil die Haftreibung des liegenden Teiles größer ist als die Gewichtskraft des überhängenden Teiles. Jetzt vergrößern Sie das überhängende Stück vorsichtig, bis sich die Kette von allein bewegt. Sie wandert beschleunigt nach unten.

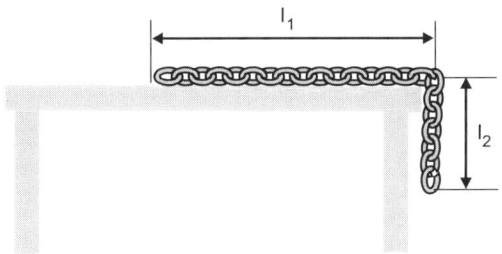

Wenn Sie sich die noch überhängende Teillänge l_2 merken, bei der das Rutschen beginnt, können Sie den ungefähren Haftreibungskoeffizienten μ_H ausrechnen:

$$\mu_H = \frac{l_2}{L - l_2} \; .$$

Reibung – Spiel mit Streichhölzern

Streichhölzer

Sie legen ein Streichholz auf den Tisch und dann quer über dieses abwechselnd je ein Streichholz links, eins rechts, wie es Bild 1 zeigt. Die Köpfe weisen nach außen und sie liegen dicht an dicht. So ordnen Sie etwa 14 Streichhölzer an. In die Mitte legen Sie quer noch einmal ein Streichholz.

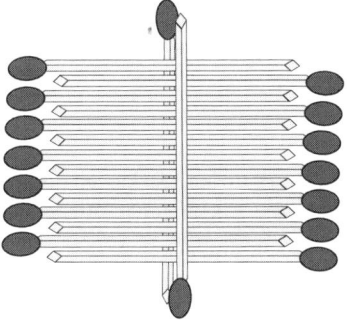

Bild 1

Und jetzt gilt es (Bild 2):
Am Kopf des ersten Streichholzes
heben Sie das „Bauwerk" hoch. Kein
Hölzchen fällt herunter: Die Haftreibung ist größer als die Gewichtskräfte der querliegenden Hölzer.

Bild 2

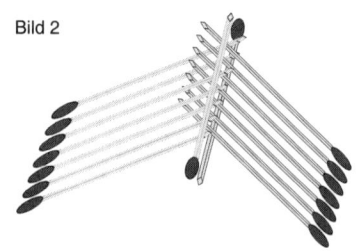

Trägheit und innere Reibung

Rohes Ei • *hartgekochtes Ei* • *frisches und älteres Ei* •
Gefäß mit Wasser

a) Wie können Sie ein rohes von einem gekochten Ei unterscheiden
(natürlich ohne es zu zerstören)? Ans Ohr halten und schütteln wäre zu
einfach. Machen Sie den Drehversuch.

Sie nehmen ein Ei und bringen es auf einem glatten Tisch in schnelle
Rotation. Dann stoppen Sie die Drehung mit dem Zeigefinger und geben
das Ei sofort wieder frei. Bleibt es still liegen, ist es das gekochte Ei.
Dreht es sich weiter, ist es das rohe.
Warum? Der Eierschale des rohen Eies geben Sie mit den Fingern einen
Drehimpuls. Das flüssige Innere aber ist träge und bleibt weitgehend
in Ruhe. Bei der Drehung reibt nun das Innere an der Schale und bremst
die Drehbewegung ab. Aber allmählich überträgt sich doch der Impuls
auf Eigelb und Eiweiß. Wenn Sie die Schale abstoppen, dreht sich das
Innere aufgrund der Trägheit weiter. Beim Freigeben wird nun umgekehrt die Schale mitgenommen und in Drehung (wenn auch etwas
langsamer) versetzt.

Noch wirkungsvoller ist der „Nachdreheffekt", wenn Sie das Ei immer
wieder anstoßen, so daß sich Schale und Inneres gleichschnell drehen.
Wenn Sie jetzt das Ei stoppen und wieder freigeben, dreht es sich sehr
schnell weiter.

b) Sie setzen beide Eier, von denen Sie nicht wissen, welches das rohe
und das gekochte ist, mit gleicher „Drehkraft" in Rotation. Das Ei, das
sich schneller dreht, ist das gekochte. Es kann mehr Rotationsenergie
aufnehmen, weil das Innere des Eies fest mit der Schale verklebt ist und
nicht hin- und herschwabbt. *Alle* Massenteilchen nehmen an der
Drehbewegung teil. Beim rohen Ei wandelt die innere Reibung einen
Teil der Rotationsenergie in Wärme um.

c) Lassen Sie auf einer schiefen Ebene beide Eier gleichzeitig herabrollen, ist das rohe Ei schneller unten. Warum? Das rohe Ei dreht sich doch nicht so schnell wie das gekochte (siehe b)? Die Erklärung ist aber einleuchtend.

Am Start steht beiden Eiern die gleiche Anfangsenergie $W_{pot} = m \cdot g \cdot h$ zur Verfügung. Beim gekochten Ei müssen alle Massenteilchen beschleunigt und in Drehung versetzt werden – und das „kostet" Energie. Für das beschleunigte Abwärtsrollen steht etwas weniger Energie zur Verfügung. Beim rohen Ei setzt sich nur die Schale und eine dünne innere Schicht in Drehbewegung, der Rest gleitet ohne Rotation nach unten. Es kommt eher unten an.

d) Wenn Sie wissen wollen, ob ein Ei „nestfrisch" oder schon merklich älter ist, machen Sie den Schwimmtest.

Wenn Sie ein frisches Ei in ein Gefäß mit Wasser legen, bleibt das Ei auf dem Boden liegen, weil die Luftkammer am stumpfen Ende noch klein ist (1).

Erst wenn das Ei auszutrocknen beginnt, vergrößert sich die Luftkammer. Ein etwa sieben Tage altes Ei stellt sich mit der Luftkammer schräg nach oben (2).

Ist das Ei zwei bis drei Wochen alt, steht es auf der Spitze senkrecht im Gefäß (3).

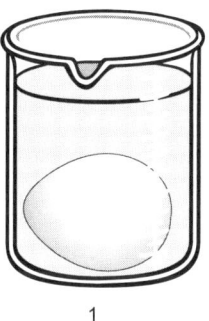 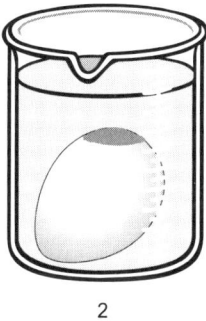 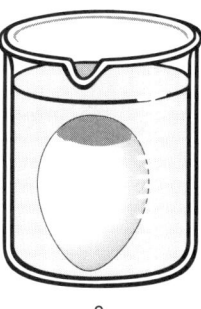

1   2   3

Innere Reibung

2 Coladosen • schräggestellter Tisch • Wasser • Sand

Eine Coladose füllen Sie mit Wasser und die andere mit einem Gemisch aus Sand und Sägespänen. Die Einfüllöffnungen verschließen Sie mit wasserfestem Isolierband. Beide Dosen sollen gleich schwer sein. Dann lassen Sie beide Dosen gleichzeitig eine schiefe Ebene – zum Beispiel einen schräg gestellten Tisch – herunterrollen. Obwohl beide Dosen gleich viel wiegen, ist die wassergefüllte eher unten. Warum ist die sandgefüllte Dose langsamer?

Das Wasser bremst die Rollbewegung wenig, weil nur ein sehr dünner Wasserfilm an der Dosenwandung reibt. Nur dieser Wasserfilm dreht sich bei der Abwärtsbewegung mit. Wasser hat eine geringe Viskosität und dementsprechend auch nur eine kleine innere Reibung. Ganz anders die Sandfüllung. Sie muß aufgrund der großen „Viskosität" und der damit verbundenen inneren Reibung vollständig mitgenommen werden. Die Trägheit gegen die rotierende Fortbewegung verhindert eine größere Beschleunigung.

Die elastische Zauberdose

Große Kaffeepulverdose mit Plastikdeckel • Gummiband vom Einmachglas • 100-g-Gewichtsstück • Tesafilm • 2 Büroklammern (oder: Teil einer Pappröhre • Wäschegummi • Unterlegscheiben)

Sie lassen eine präparierte Kaffeedose von einem schräggestellten Brett herunterrollen. Unten angekommen, nehmen Sie das Brett zur Seite und beobachten die Dose. Sie rollt noch ein Stück weiter und kommt zur Ruhe. Dann kehrt die Dose die Laufrichtung um und rollt ein weites Stück zurück. Sie stoppt wieder ab und der Vorgang wiederholt sich, bis die unruhige Dose zum Stillstand kommt.

Was geht hier vor? Nichts einfacher als das: Sie haben die Dose vorher mit einem Gummiband und einem Gewichtsstück präpariert. Wie Sie vorgehen müssen, zeigt die Abbildung auf der nächsten Seite.

Zuerst schneiden Sie den Gummiring auf und erhalten so ein langes Gummiband. Nun stechen Sie ein Loch in die dickere Mitte des Gummis und hängen ein Gewichtsstück von ca. 100 g in das Loch.

Dann stechen Sie mit einem Schraubendreher passende Schlitze in Boden und Deckel der Kaffeepulverdose. Die beiden Enden des Gummibandes führen Sie von innen durch die Schlitze und sichern sie mit zwei Büroklammern gegen Herausrutschen. Sie schließen den Deckel, straffen die Gummienden und verdecken sie mit Tesafilm. Fertig ist die „Bumerangdose".

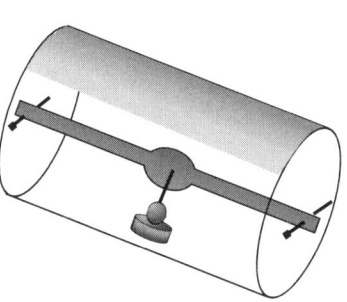

Beim Rollen zieht die Schwerkraft das Gewichtsstück nach unten und verhindert ein Mitdrehen. Bei jeder Dosenumdrehung verwindet sich das Gummiband und speichert elastische Energie. Zum Stillstand gekommen, treibt das verdrehte Gummiband die Dose in die entgegengesetzte Richtung und läßt sie fast zum Ausgangspunkt zurückkehren. Dort wiederholt sich der Vorgang.

Drehbewegung

Plattenspieler • *rundes Holzbrett mit Löchern* • *passende Nägel* • *Stoppuhr*

Ein Plattenspieler führt eine gleichförmige Drehbewegung aus. Am besten nehmen sie einen Plattenspieler mit verstellbaren Drehzahlen, zum Beispiel mit n = 16, 33, 45 und 78 Umdrehungen pro Minute (min^{-1}).
Sie legen ein möglichst großes rundes Holzbrett, in das Sie mittig ein passendes Loch gebohrt haben, zentrisch auf den Teller. Quer über das Brett entlang des größten Durchmessers haben Sie eine Skala aufgezeichnet und alle 10 mm ein kleines Loch gebohrt.

a) Wir überprüfen die Drehzahlen.
Dazu stecken Sie einen Nagel in das äußerste Loch der Holzplatte. Eine Markierung auf dem Gehäuse zeigt den Nulldurchgang an. Wir betätigen die Stoppuhr und zählen die Nulldurchgänge des Nagels. Die Drehzahl n ist dann die Anzahl der Umdrehungen z geteilt durch die gestoppte Zeit t in Minuten.

$$n = \frac{\text{Anzahl der Umdrehungen z}}{\text{gestoppte Zeit t in min}}$$

$$\text{oder Frequenz } f = \frac{\text{Anzahl der Umdrehungen z}}{\text{gestoppte Zeit t in Sekunden}}$$

Die Umlaufzeit T für eine Umdrehung ist der Kehrwert der Frequenz f:

$$T = \frac{1}{f}$$

b) Wir überprüfen, ob die Frequenz vom Durchmesser abhängt.
Dazu stecken wir den Nagel in ein mittleres Loch, zählen die Nulldurchgänge und stoppen die Zeit. Die Frequenz hängt *nicht* vom Durchmesser ab.

c) Wir messen die Bahngeschwindigkeit v.

$$v = \frac{\text{Weg}}{\text{Zeit}}$$

$$v = \frac{d \cdot \pi}{T} = d \cdot \pi \cdot f \text{ in } \frac{m}{s}$$

Die Bahnlängen, die jeder Nagel bei einem Umlauf zurücklegt, hängen vom Durchmesser ab: Je größer der Durchmesser, desto größer der Weg. Bei gleicher Umlaufzeit wächst damit auch die Bahngeschwindigkeit. Sie ist außen größer als innen.

Zentrifugal- und Zentripetalkraft

Glas- oder Metallrohr • *Bindfaden* • *Gewichtsstück* •
verschiedene Massestücke

Nehmen Sie ein ca. 20 cm langes Metallrohr und führen einen Bindfaden hindurch. Unten am Bindfaden haben Sie ein 100-g-Gewichtsstück befestigt und am anderen Ende ein beliebiges Massestück m (vielleicht eine Schraube). Jetzt setzen Sie das Rohr in eine Drehbewegung. Mit steigender Drehzahl n wächst die Zentrifugalkraft F_F und zieht das Gewicht nach oben. Die Gewichtskraft wirkt als Zentripetalkraft.

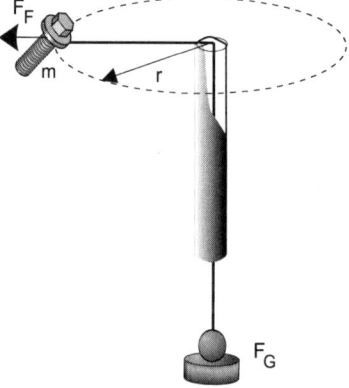

Auch mit größerem Radius und größerer Masse steigt die Zentrifugalkraft an:

$$F_F = m \cdot r \cdot \omega^2$$

$$\text{mit } \omega = \frac{2 \cdot \pi \cdot n}{60}$$

und n als Drehzahl in Umdrehungen pro Minute $\left(\frac{1}{\min}\right)$.

Oder: $\omega = 2 \cdot \pi \cdot f$ mit f als Drehfrequenz in $\frac{1}{s}$.

Zentripetalkraft

Eimer • Wasser

Sie schleudern einen wassergefüllten Eimer mit ausgestrecktem Arm in einem vertikalen Kreis mit dem Radius r. Das Wasser fließt nicht aus, wenn die Bahngeschwindigkeit v größer ist als die Quadratwurzel aus der Erdbeschleunigung mal dem Bahnradius.

$$v > \sqrt{g \cdot r}$$

Oder: Im höchsten Punkt muß die zum Mittelpunkt gerichtete Zentripetalbeschleunigung a_Z größer sein als die Fallbeschleunigung g. Wenn man so langsam schleudert, daß im höchsten Punkt $a_Z < g$ ist, fließt Wasser aus dem Eimer.

Ihre Armzugkraft F_Z ist ein Teil der Zentralkraft (Zentripetalkraft), die den Eimer auf die Kreisbahn zwingt. Fällt die Zugkraft plötzlich weg, behält der Wassereimer aufgrund seiner Trägheit seine augenblickliche Bewegungsrichtung bei und fliegt tangential davon.

Zentrifugalkraft und Kerzenflamme

Plattenspieler • *rundes Holzbrett* • *Kerze* • *Becherglas oder ähnliches*

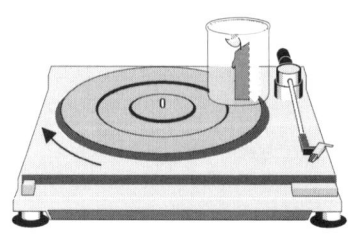

Sie befestigen ein Becherglas auf dem Plattenspieler (auf den Rand des runden Holzbrettes aus dem Versuch auf Seite 57) und stellen eine brennende Kerze hinein, die Sie ebenfalls vor dem Umkippen sichern. Jetzt setzen Sie den Plattenspieler in eine schnelle Drehbewegung und beobachten die Flamme.

Warum wird die Flamme nicht nach außen abgelenkt, wie man es vermuten würde? Ist die Zentrifugalkraft ausgeschaltet?

Die Zentrifugalkraft ist auf jeden Fall vorhanden. Nur wirkt sie auf die schwerere kalte Luft stärker als auf die leichtere warme Verbrennungsluft. Sie drängt deshalb die kältere Luft nach außen und hinterläßt einen luftverdünnten Raum, in den die Flamme ausweicht. Durch die Corioliskraft erfährt sie eine zusätzliche radiale Ablenkung nach rechts, wenn sich der Plattenspieler im Uhrzeigersinn dreht.

Zentrifugalkraft und Drehzahl

a) Plattenspieler mit runder Holzplatte • *Nägel mit kleinen aufgehängten Styroporkugeln*

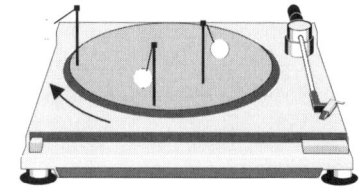

Auf den Plattenspieler mit der Holzscheibe befestigen Sie an mehreren Stellen Nägel, die als Pendel kleine an Zwirnsfäden angeklebte Styroporkügelchen tragen.

Wenn Sie jetzt die Scheibe in schnelle Drehbewegung versetzen, werden die kleinen Kugeln verschieden stark aus ihrer Ruhelage abgelenkt. Die am Scheibenrand angeordneten Kugeln erfahren die stärkste Ablenkung, die in Achsennähe die geringste. Die Zentrifugalkraft wächst mit zunehmendem Radius, größerer Masse und steigender Drehzahl.

b) Mehrere Stahlkugeln • Holzscheibe mit Bohrungen • Plattenspieler

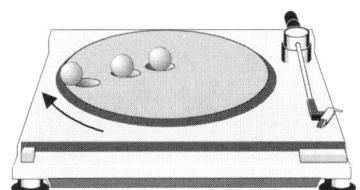

Sie legen an mehreren Stellen auf die Bohrungen in der Holzscheibe kleine Stahlkugeln und setzen den Plattenspieler in Drehbewegung. Die weiter außen liegenden Kugeln verlassen zuerst ihren Platz und rollen tangential weg. Erst bei steigender Geschwindigkeit folgen nach und nach die weiter innen liegenden Kugeln.

Fliehkraftpumpe

Eimer mit Wasser • ca. 4 m langer Schlauch mit 2 cm Innendurchmesser

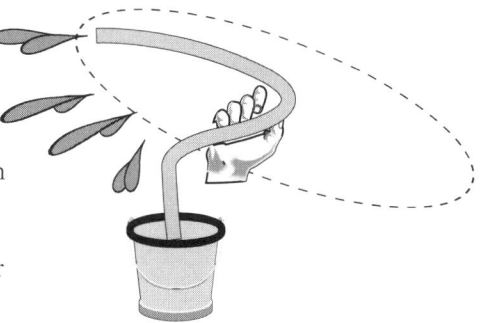

Diesen Handversuch sollten Sie im Freien vorführen: Sie tauchen einen wassergefüllten Schlauch in einen vollen Wassereimer und versetzen das freie Schlauchende in kräftige Drehbewegung. Das Wasser aus dem Eimer wird mit einem starken Strahl herausgepumpt.

Bei den ersten Umdrehungen wird eine bestimmte Wassermenge aus dem Schlauch herausgeschleudert und hinterläßt einen luftverdünnten Raum. Sofort läßt der äußere Luftdruck Wasser aus dem Eimer in den luftverdünnten Raum nachströmen und der Vorgang beginnt von neuem.

Abplattung der Erde

Bohrmaschine mit Drehzahlregelung • *kleine Papierstreifen und Kleber* • *Nagel*

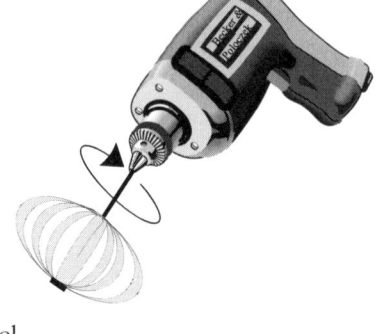

Aus 4 Papierstreifen (je 2 cm x 20 cm) kleben Sie eine offene Kugel. Die beiden „Polkappen" durchbohren Sie mit einem kleinen Nagel. Durch die beiden Löcher stecken Sie einen etwas dickeren Nagel, der bei einer Drehung die „Erdkugel" mitnimmt.

Spannen Sie nun den Nagel mit der Papierkugel in das Bohrfutter einer Bohrmaschine mit regelbarer Drehzahl. Mit steigender Umfangsgeschwindigkeit plattet sich die Kugel ab und wird zum Ellipsoid. Die auf einem größeren Radius liegenden Masseteilchen erfahren eine stärkere Zentrifugalkraft als die weiter innen liegenden. An den beiden Polen ist diese Kraft Null.

Auch die Erde ist elastisch und nimmt bei ihrer Drehung die Form eines Ellipsoides an.

Corioliskraft

Plattenspieler • *Holzscheibe* • *Schreibmaschinenpapier* • *Kohlepapier* • *Stahlkugel* • *Pappröhre*

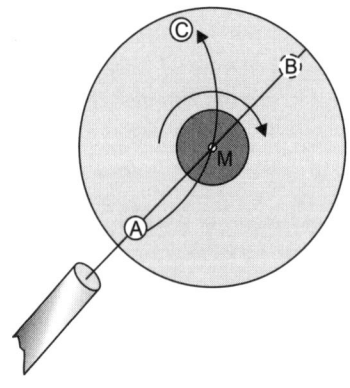

a) Sie schauen von oben auf den Plattenspieler, der sich im Uhrzeigersinn dreht. Die runde Holzscheibe dient diesmal als Unterlage für Kohlepapier, über das Sie weißes, dünnes Schreibpapier gespannt haben. Sie lassen bei A eine Stahlkugel auf die rotierende Scheibe rollen. Für Sie als außenstehender Beobachter beschreibt die Kugel eine Gerade von A über M nach B. Dann halten

Sie den Plattenspieler an und nehmen das Schreibpapier herunter. Auf dem Papier ist spiegelbildlich die Bahnkurve der Kugel abgebildet. Die rollende Kugel hat keine Gerade, sondern eine gekrümmte Bahn AMC beschrieben.

b) GE: Versetzen Sie sich in die Lage eines Beobachters, der auf dem Plattenspieler die Drehbewegung mitmacht. Jetzt stellen Sie fest, daß eine seitlich wirkende Kraft – die Corioliskraft – die Kugel von ihrer geraden Bahn ablenkt. Laufen Sie einmal auf einer rotierenden Scheibe (in Gedanken!) von M nach A. Sie spüren – neben Ihrer Gewichtskraft – zwei weitere Kräfte: die Zentrifugalkraft nach außen und die (gegen die Drehrichtung) ablenkende Corioliskraft.

Drehmoment und Skilaufen

Abtreter (kleiner Teppich oder Zeitungspapier) • *glatter Fußboden*

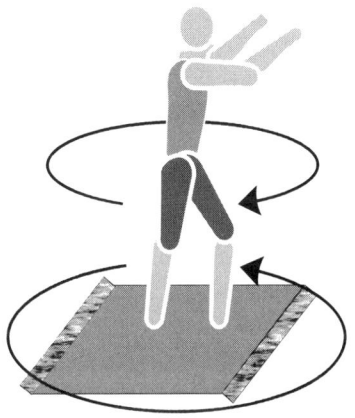

Sie legen einen Abtreter (oder einen kleinen Teppich, eventuell geht auch Zeitungspapier) auf einen möglichst glatten Fußboden und stellen sich auf die Mitte. Jetzt machen Sie eine ruckartige Bewegung mit dem Oberkörper nach rechts. Die Folge: Ihre Füße bewegen sich deutlich nach links. Warum?

„Actio = reactio" gilt auch für das Drehmoment. Ihr Körper will in Ruhe bleiben, also bedingt ein rechtes Drehmoment sofort ein linkes.

Beim Skilaufen unterstützen Sie das Einleiten der Kurve noch durch einen Kraftstoß des Oberkörpers. Sie gehen in die Hocke, reißen den Körper kräftig hoch und drehen dabei den Oberkörper in die *entgegengesetzte* Richtung. Der Kraftstoß verbessert kurzfristig die Seitenführungskraft.

Drehimpuls-Erhaltungssatz

Schraubenmutter zum Beispiel M 12 • Bindfaden

Sie verknoten eine M-12-Mutter in der Mitte eines ca. 50 cm langen Bindfadens. Dann fassen Sie beide Enden des Fadens an und lassen das Eisenstück kreisen. Die Mutter beschreibt einen Kreis mit dem Radius r, während die Fäden einen Doppelkegel mit waagerechten Achsen ausführen.

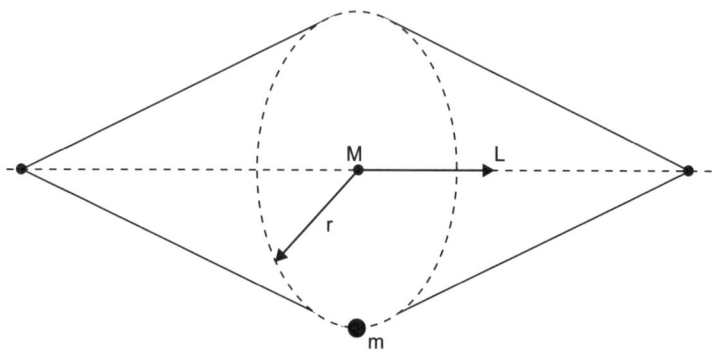

Die Schraubenmutter führt eine Kreisbewegung aus, wobei die Zentralkraft (oder Zentripetalkraft) zum Mittelpunkt M gerichtet ist. Senkrecht zur Kreisbahn steht der Drehimpulsvektor L:

$$L = I \cdot \omega$$
$$L = m \cdot r^2 \cdot \omega$$

(mit I als Trägheitsmoment und ω als Winkelgeschwindigkeit)

Nun bewegen Sie beide Hände aufeinander zu. Die Drehzahl (Frequenz) und damit die Winkelgeschwindigkeit ω verringert sich – aber dafür wächst der Radius r! Verdoppelt sich der Radius, sinkt die Winkelgeschwindigkeit ω auf ein Viertel. Die Begründung liefert der Flächensatz: In gleichen Zeiten überstreicht der Radiusvektor $\vec{r}$ gleiche Flächen.

Bei dieser Bahnbewegung unter dem Einfluß einer Zentralkraft bleibt der Drehimpuls erhalten.

Ziehen Sie die Hände auseinander, verringert sich der Radius r und die Winkelgeschwindigkeit ω nimmt zu: $\omega \approx \dfrac{1}{r^2}$. Wieder bleibt der Drehimpuls erhalten.

Rotation um freie Achsen

Bohrmaschine mit regelbarer Drehzahl • Stück einer Fahrradkette • Bindfaden • runde Holzscheibe

Sie befestigen das Ende einer (ge-kürzten) Fahrradkette an einen Bindfaden und spannen diesen in das Futter einer Bohrmaschine. Sie schalten die Maschine ein und steigern langsam die Drehzahl. Zuerst hängt die Kette herab und dreht sich um die Achse ihres kleinsten Trägheitsmomentes. Bei einer kleinen Störung ist es aus mit der „stabilen" Rotation: Die Kette schwingt in die Querlage und dreht sich um die Achse mit dem größten Trägheitsmoment. Hier hat die Kette auch die größte Bewegungsstabilität.

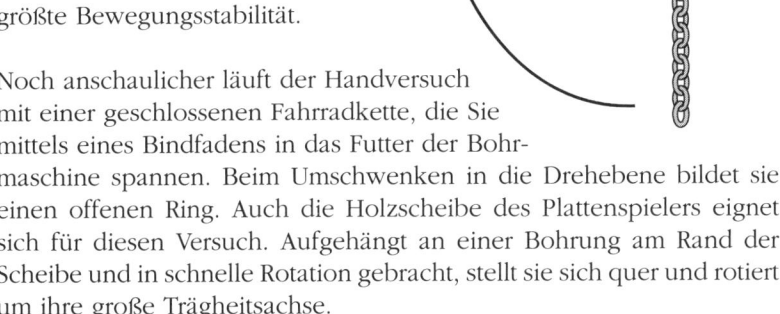

Noch anschaulicher läuft der Handversuch mit einer geschlossenen Fahrradkette, die Sie mittels eines Bindfadens in das Futter der Bohrmaschine spannen. Beim Umschwenken in die Drehebene bildet sie einen offenen Ring. Auch die Holzscheibe des Plattenspielers eignet sich für diesen Versuch. Aufgehängt an einer Bohrung am Rand der Scheibe und in schnelle Rotation gebracht, stellt sie sich quer und rotiert um ihre große Trägheitsachse.

Noch einmal: Drehimpulserhaltung

Drehschemel • 2 Massestücke • eventuell Ziegelsteine

Wenn sich in Ihrer Physiksammlung ein Drehschemel befindet, können Sie den Satz von der Erhaltung des Drehimpulses leicht nachvollziehen. Ein Schüler setzt sich auf den Drehschemel. In beiden Händen hält er ein schweres Massestück. Er stößt sich mit den Füßen vom Boden ab und setzt sich mit der Winkelgeschwindigkeit ω in Drehbewegung. Streckt der Schüler seine Arme auseinander, vergrößert sich das Träg-

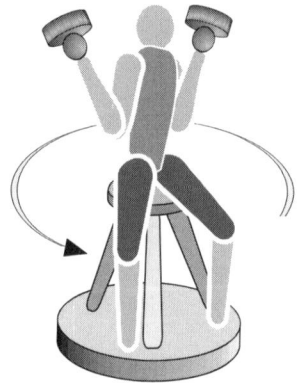 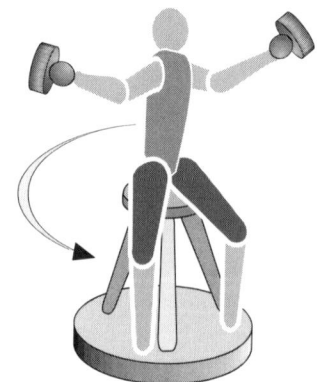

heitsmoment I_1 und im gleichen Verhältnis verringert sich die Winkelgeschwindigkeit ω_1.

Zieht der Schüler die Arme wieder an, kehren sich die Verhältnisse um: Das Trägheitsmoment I_2 verringert sich und die Winkelgeschwindigkeit ω_2 erreicht (fast) wieder den anfänglichen Wert.
$I_1 \cdot \omega_1 = I_2 \cdot \omega_2$. Der Gesamtdrehimpuls L bleibt erhalten.

Kreiselwirkung am Vorderrad

Vorderrad ● *zwei kurze Rohrstückchen* ● *Draht*

a) Nehmen Sie ein Fahrradvorderrad ohne Schlauch und Mantel und wickeln Sie Draht in den Felgenhohlraum. Damit vergrößern Sie das Trägheitsmoment des Rades erheblich und die Kreiselwirkung verstärkt sich. Jetzt fassen Sie das Vorderrad rechts und links der Achse (diese eventuell mit kurzen Rohrstücken verlängern) und setzen das Rad in schnelle Drehbewegung. Versuchen Sie, die Achse des „Kreisels" rechts herum zu drehen (Bild 1, siehe S. 67).
Beobachtung: Die Achse folgt *nicht* dem Kippmoment, sondern weicht nach unten aus (Bild 2). Wie erklärt sich dieses Verhalten?

Betrachten Sie den Punkt P auf dem Felgenumfang (Bild 3). Die Geschwindigkeitskomponente v_1 weist nach unten. Durch die Kippbewegung wird dem Punkt P eine weitere Geschwindigkeitskomponente v_2 aufgezwungen. Beide Komponenten überlagern sich zur Resultierenden v, die nach rechts unten weist. Der gegenüberliegende Punkt P' bewegt sich entsprechend nach links oben.

Die Kreiselachse folgt dieser Bewegung und kippt um den Winkel $\Delta\varphi$ nach rechts unten.

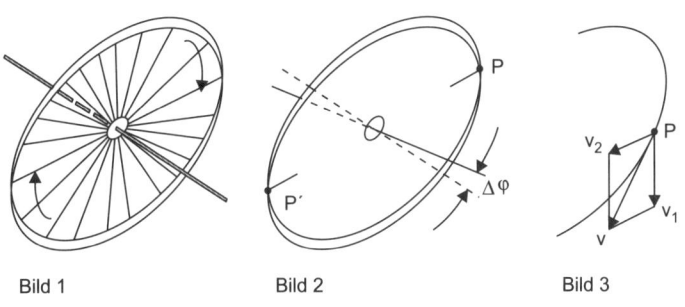

Bild 1   Bild 2   Bild 3

b) Wie verhält sich der Kreisel, wenn ein dauerndes Kippmoment auf die Achse wirkt? Um diese Frage zu beantworten, setzen Sie das Vorderrad wieder in schnelle Drehbewegung. Jetzt geben Sie aber ein Lager frei und unterstützen mit dem Zeigefinger nur das andere Lager. Die Gewichtskraft F_G kippt das Rad sofort um den Auflagerpunkt A (Bild 4).

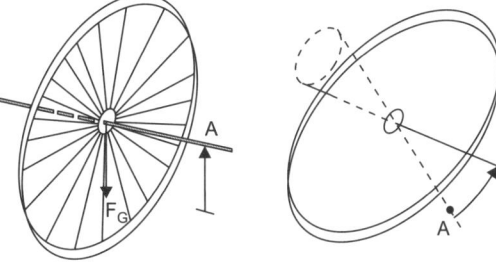

Bild 4   Bild 5

Die erwartete Kippbewegung tritt aber nicht ein, wie in Bild 5 dargestellt, weil die Achse senkrecht ausweicht. Dabei beschreibt die Achse einen Kegelmantel. Diese Bewegung nennt man Präzession. Wenn Sie mit dem tragenden Finger dieser langsamen Präzessionsbewegung folgen, kippt das Rad nicht ab.

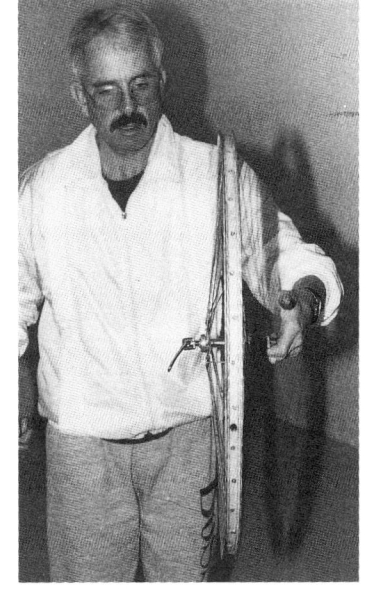

GE: Präzession beim Radfahren

Bierdeckel • kleine Holzstäbchen

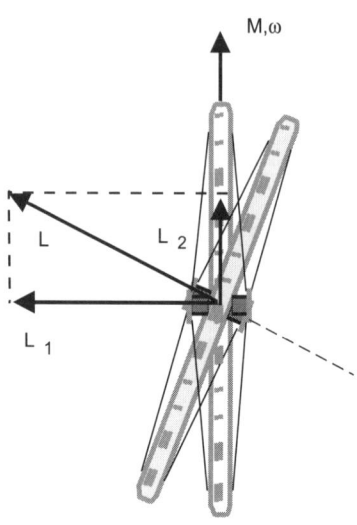

Sie fahren mit dem Fahrrad und schauen von oben auf das Vorderrad. Der Drehimpulsvektor L_1 des Vorderrades zeigt nach links. Sie kippen das Rad nach rechts und üben dabei ein Drehmoment M aus, dessen Vektor in Fahrtrichtung zeigt. Zusammen mit dem Vektor der zusätzlichen Winkelgeschwindigkeit ω zeigt auch der Zusatzdrehimpuls L_2 nach vorn.

Aus L_1 und L_2 ergibt sich als Resultierende der Drehimpulsvektor L. Die freie Achse bewegt sich nun so, daß diese mit dem Drehimpulsvektor L fluchtet. Also dreht sich das Rad, dem der Lenker folgt, auch nach rechts, und Sie fahren eine Rechtskurve. Dabei zieht die Zentrifugalkraft das Rad nach links und hebt die anfängliche Kippbewegung wieder auf.

Bauen Sie sich ein kleines Modell aus einem Bierdeckel und mehreren Holzstäbchen, die die Drehimpulsvektoren darstellen sollen.

Impulserhaltung

Zehnpfennigmünzen

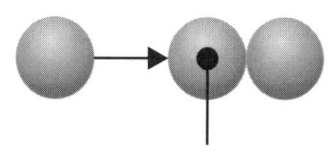

a) Sie legen zwei Münzen, die sich berühren, auf den Tisch. Die linke Münze drücken Sie mit dem Zeigefinger fest auf den Tisch. Jetzt schnippen Sie eine dritte Münze gegen die festgehaltene.

Was passiert mit der rechten Randmünze? Bleibt sie liegen, weil die gesamte Bewegungsenergie in die festgehaltene Münze und in den Finger übergeht?

Die anliegende Münze wird fortgeschleudert. Eine Zehnpfennigmünze ist zum größten Teil aus Stahl hergestellt und Stahl hat eine große Elastizität. Die festgehaltene Münze wird beim Stoß unmerklich zusammengedrückt und dehnt sich sofort wieder aus, bevor sie in die alte Form zurückschwingt. Die Ausdehnung etwas über die Anfangsform hinaus bewirkt die Stoßübertragung auf die nächste anliegende Münze.

b) Jetzt legen Sie fünf oder sechs gleiche Münzen hintereinander auf den Tisch. Alle Münzen sollen sich berühren. Nun stoßen Sie mit etwas Schwung eine weitere Münze gegen den Anfang der Reihe.

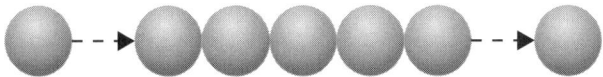

Sie stellen (überrascht) fest, daß nach dem Stoß nur die letzte Münze fortgeschleudert wird, während alle anderen Münzen auf ihrem Platz bleiben. Warum?

Lesen Sie noch einmal die Erklärung vom ersten Versuch. Hier haben sämtliche Münzen, außer der letzten, keine Möglichkeit, sich von der Stelle zu bewegen, ohne die Nachbarmünzen zu verschieben. Die gesamte Bewegungsenergie der stoßenden Münze und der Impuls gehen in die Münzreihe in Form einer Welle über. Vom Augenblick des Stoßes an läuft diese Verdichtungs- und Ausdehnungswelle durch die Münzreihe.

Wie sieht es bei der letzten Münze aus? Nach ihrer Verdichtung durch die vorletzte Münze dehnt sie sich wieder aus, findet aber dabei nach außen keinen Widerstand. Energie und Impuls der Welle können sich demnach wieder in einer Bewegung äußern. Die letzte Münze wird daher mit (etwa) der gleichen Geschwindigkeit der wellenartigen Bewegung im Innern der Reihe nach außen weggeschleudert.

c) Nun lassen Sie zwei Münzen, die hintereinander liegen, gegen die Münzreihe prallen. Sie stellen fest, daß jetzt die beiden letzten Münzen aus der Münzreihe fortgestoßen werden. In diesem Fall laufen zwei elastische Wellen kurz hintereinander durch die Reihe. So können Sie den Handversuch auch mit drei und mehr Münzen fortsetzen.

d) GE: Warum wird beim letzten Versuch nicht *eine* Münze (die letzte Münze in der Reihe) mit doppelter Geschwindigkeit weggeschleudert?

Der Impulssatz allein ließe das zu, nicht aber die gleichzeitige Erhaltung von Impuls *und* Energie.
Beweis:

$$2 \cdot mv = m'v' \qquad \text{(Impulserhaltung)}$$

$$\frac{1}{2}\,(\,2 \cdot m\,)\,v^2 = \frac{1}{2}\,m'\,v'^{\,2} \qquad \text{(Energieerhaltung)}$$

m und v sind die Massen und Geschwindigkeiten der Münzen vor dem Zusammenprall, m' und v' nach dem Stoß. Welche Beträge nehmen m' und v' an? Aus beiden Gleichungen folgt: m' = 2 m und v' = v.

Aufschaukeln

a) Deckenhaken (oder Rolle), möglichst wenig dehnbarer Faden • Stahlkugel

Sie führen ein Fadenpendel über einen Haken, der an der Decke angebracht ist. Wenn Sie nun im richtigen Takt an dem Faden ziehen und wieder nachgeben (Bild 1), werden die Pendelausschläge immer größer.

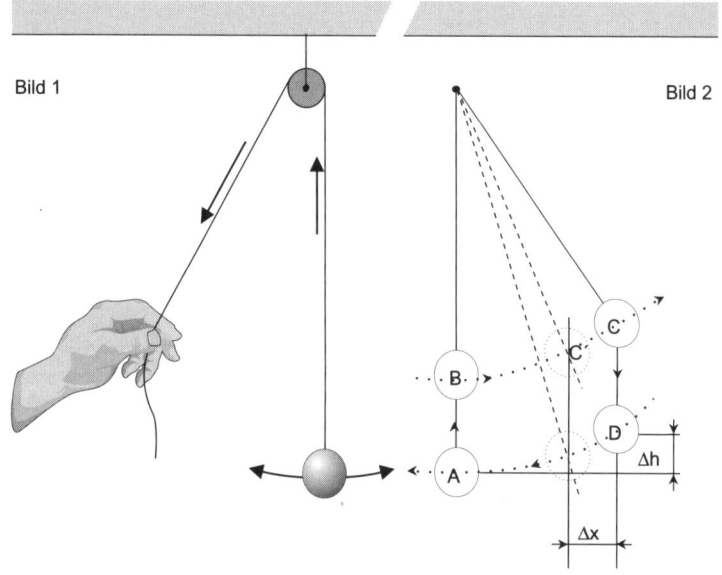

Bild 1

Bild 2

In welchem Rhythmus müssen Sie „pumpen"? Wie ist das Aufschaukeln zu erklären?

Das Pumpen erfolgt im richtigen Rhythmus, wenn Sie bei jedem Schwingungsdurchgang in der tiefsten Position der Kugel (Punkt A in Bild 2) die Pendellänge l etwas verkürzen. Im Umkehrpunkt (Punkt C) vergrößern Sie die Pendellänge wieder auf die ursprüngliche Länge.

Mit etwas Übung erreichen Sie, daß die Schwingung und die Pumpbewegung in der gleichen Frequenz erfolgen, mit anderen Worten: Eigenfrequenz und Erregerfrequenz sind in „Resonanz". Achten Sie auch darauf, daß Sie mit dem Pumpen kurz *vor* den Punkten A und C einsetzen, denn aufgrund der Trägheit hinkt die Bewegung der Kugel etwas hinter der Pumpbewegung hinterher.

In der tiefsten Position der schwingenden Kugel hat sich die Lageenergie vollständig in Bewegungsenergie umgewandelt. An dieser Stelle erhöhen Sie plötzlich die Lageenergie. Bei der nun folgenden Viertelschwingung kann dadurch die Kugel höher steigen und weiter ausschwingen. Wenn Sie im Umkehrpunkt (Punkt C in Bild 2) die alte Pendellänge wieder herstellen, fällt die Kugel in die Position D, so daß die nächste Schwingung aus einer größeren Höhe (Δ h) und Amplitude (Δ x) erfolgt.

Warum schwingt die Kugel über den Punkt C' hinaus bis zum Punkt C? Wer liefert diesen zusätzlichen Energieanteil? Beim Anheben aus der tiefsten Position müssen Sie nicht nur die Gewichtskraft der Kugel überwinden, sondern auch noch einen Kraftanteil zur Vergrößerung der Zentripetalkraft aufbringen. Denn die Kugel bewegt sich jetzt auf einer Kreisbahn mit kleinerem Radius – also in einer Bahn mit einer größeren Krümmung und damit einer stärkeren Ablenkung von der Geraden. Dieser zusätzliche Kraftanteil macht sich in einem größeren Schwingungsausschlag bemerkbar, während im Umkehrpunkt nur die Lageenergie wieder frei wird.

Schaukel

Ein Schüler setzt sich auf eine Schaukel. Er wird leicht angestoßen. Wie kann er die Schaukelausschläge (1) im Sitzen und (2) im Stehen vergrößern?

(1) Jedesmal, wenn die Schaukel durch die tiefste Lage geht (also dort, wo die Lageenergie ihren Mindestwert hat), schwenkt er seine Beine hoch. Damit verrichtet er an dem „System" Arbeit und führt neue

Lageenergie hinzu. Vor dem oberen Umkehrpunkt läßt er dann die Beine wieder absinken.

(2) Auch so lassen sich die Schaukelausschläge vergrößern: Der Schüler stellt sich in Hockstellung auf den Schaukelsitz und wird leicht angestoßen. Im tiefsten Schaukelpunkt richtet er sich plötzlich auf, um dann wieder in die Hockstellung zu gehen.

Überführung von potentieller in kinetische Energie

Bifilar aufgehängte Stahlkugel • zwei Stahlkugeln gleicher Masse • 2 m lange Rinne • Höhenmaßstab • Stoppuhr

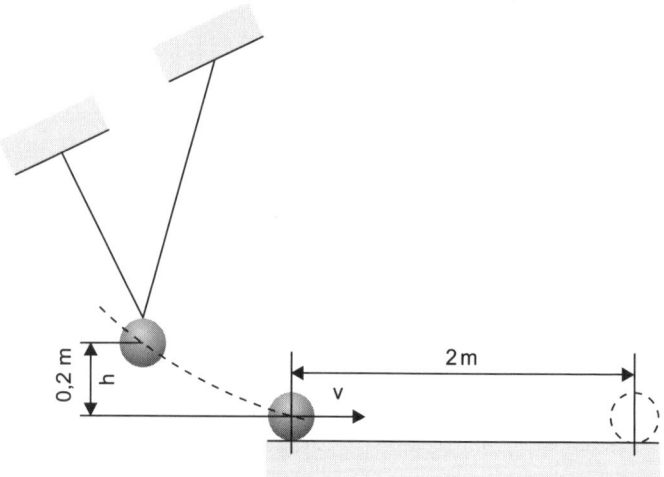

Sie lassen eine bifilar aufgehängte Stahlkugel gegen eine Stahlkugel gleicher Masse, die auf einer waagerechten Schiene liegt, stoßen. Mit welcher maximalen Geschwindigkeit rollt die angestoßene Kugel, wenn Sie die pendelnde Kugel aus 0,2 m Höhe loslassen?

Beide Kugeln bilden ein abgeschlossenes System. Die gesamte Lageenergie W_{pot} der pendelnden Kugel überträgt sich als Bewegungsenergie W_{kin} auf die ruhende Kugel. Nach dem Stoß ist die pendelnde Kugel in Ruhe.

$$W_{pot} = W_{kin}$$

$$m \cdot g \cdot h = \frac{1}{2} \cdot m \cdot v^2$$

$$v = \sqrt{2 \cdot g \cdot h} \approx \sqrt{4 \, \frac{m^2}{s^2}} = 2 \, \frac{m}{s}$$

Die Schüler vergleichen den berechneten (theoretischen) Wert mit der gemessenen Geschwindigkeit. Durchläuft die Kugel eine 2 m lange Laufrinne in 2 Sekunden und kommt dann zur Ruhe, beträgt die Durchschnittsgeschwindigkeit $v_m = 1 \, \frac{m}{s}$. Die Maximalgeschwindigkeit ist dann doppelt so groß (wenn man konstante Reibungskräfte voraussetzt).

Energieübertragung oder gestörtes Pendel

Langer Faden und Metallkugel als Pendel • Stativ mit Querstab • Experimentierleuchte oder Diaprojektor für Schattenbildprojektion

Sie hängen eine schwere Metallkugel mit einem langen Bindfaden an den Deckenhaken und lassen die Kugel pendeln. Der Diaprojektor zeigt das Schattenbild auf der Wandtafel. Sie tragen auf der Wandtafel mit Kreide die Umkehrpunkte A und B ein und verbinden die Punkte mit einer horizontalen Linie. Dann schwenken Sie bei C ein Stativstab in die Pendelebene. Der Bindfaden schlägt an und die Pendellänge verkürzt sich. Die Kugel schwingt auf einem viel kürzeren Bogen nach D.

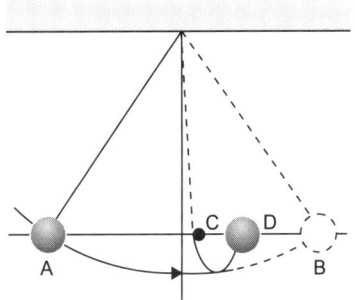

D liegt aber, wie wir gut im Schattenbild erkennen können, auf der gleichen Höhe wie AB! Die Energie, die in dem System „Erde/Kugel" steckt, geht nicht verloren, und die Kugel bekommt ihre ursprünglich mitgebrachte Lageenergie zurück. Da der Luftwiderstand und die Reibung sehr klein sind, können wir diese bei der Betrachtung vernachlässigen.

Energieerhaltungssatz

Verbundenes Gefäß mit Absperrhahn ● Wasser

Zwei kommunizierende Gefäße sind durch eine enge Röhre verbunden und (vorläufig) durch einen Absperrhahn unterbrochen. Im linken Rohr steht das Wasser bis zur Höhe h. Die potentielle Energie dieser Wassersäule beträgt $W_{pot} = \frac{1}{2} \cdot m \cdot g \cdot h$, denn im Schwerpunkt S kann man sich die Gesamtmasse vereinigt denken.

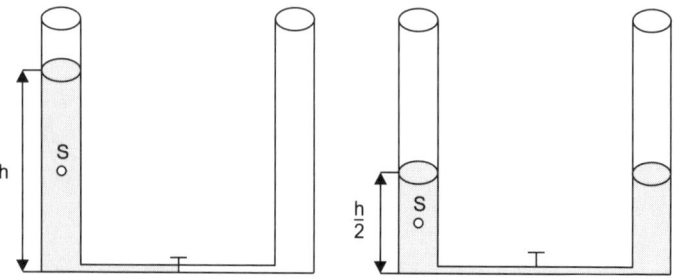

Nun öffnen Sie den Hahn. Das Wasser strömt in das zweite Rohr und steigt bis zur Höhe $\frac{1}{2}$ h. Der Schwerpunkt der Wassermenge, die sich ja nicht verändert hat, liegt jetzt bei $\frac{1}{4}$ h! Die potentielle Energie ist nur noch $W_{pot} = \frac{1}{4} \cdot m \cdot g \cdot h$, also nur noch halb so groß. Stimmt hier noch der Satz von der Erhaltung der Energie?

Ja, der Energieerhaltungssatz ist auch in diesem Fall nicht außer Kraft gesetzt. Denn die Hälfte der ursprünglichen potentiellen Energie ist infolge der inneren Reibung und der Reibung an den Gefäßwänden in Wärmeenergie überführt worden. Gäbe es keine Reibung, würde das Wasser von einer Seite des Gefäßes zur anderen andauernd hin- und herschwappen.

Flüssigkeiten sind inkompressibel

a) Rohes, frisches Ei

Nehmen Sie ein rohes, frisches Ei in die Hand und versuchen Sie es zu zerquetschen. Unmöglich. Ihre Fingerkraft verteilt sich über die (leicht zerbrechliche) Eischale und übt einen gleichmäßigen Druck auf die innere Flüssigkeit aus. Da Flüssigkeiten weitgehend inkompressibel sind, verteilt sich dieser Druck gleichmäßig nach allen Seiten auf die Schale, die an keiner Stelle überlastet wird. Zudem bietet die gewölbte Form des Eies einen großen statischen Widerstand gegen eine äußere Druckbeanspruchung.

Sind Sie sich nicht ganz sicher, ob das Ei schon älter ist und sich eventuell eine Luftblase im Innern gebildet hat? Dann machen Sie diesen Quetschversuch lieber in einer Plastiktüte, die Sie über Ihre Hand ziehen.

Übrigens: Zwei Walnüsse, die Sie gegeneinander pressen, lassen sich leichter knacken, da sich die Fingerkraft nur auf die Berührungsstellen konzentriert. Und: Je kleiner die Fläche (bei gleicher Kraft) desto größer der Druck.

b) Flasche mit Wasser • Gummistopfen

Ein Schüler soll eine Flasche bis zum Überlaufen mit Wasser füllen und dann versuchen, einen Gummistopfen in den Flaschenhals zu drücken. Es wird ihm nicht gelingen. Dann schüttet er nur wenige Milliliter Wasser aus der Flasche heraus: Jetzt läßt sich der Korken eintreiben, weil sich Luft leichter als Wasser zusammendrücken läßt.

Eisen kann schwimmen

Schale oder tiefer Teller mit Wasser • Büroklammer • Rasierklinge • Stecknadel • Geschirrspülmittel • Löschpapier

Vorsichtig legen Sie eine Büroklammer auf die Wasseroberfläche. Dazu knicken Sie eine zweite Klammer ab und benutzen diese als Eintauchhilfe. Auch eine Gabel bietet sich als Hilfe an.

Die Büroklammer aus Eisen geht nicht unter! Warum?

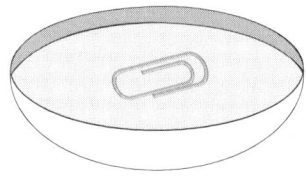

Die Moleküle im Inneren des Wassers erfahren von den Nachbarmolekülen Kräfte nach allen Richtungen. Diese heben sich gegenseitig auf, ihre resultierenden Kräfte sind Null. An der Oberfläche dagegen fehlen den Wassermolekülen die nach oben gerichteten Kräfte. Die anderen Kräfte addieren sich zu starken resultierenden Kräften, die ins Innere gerichtet sind. Sie sind bestrebt, die Oberflächenmoleküle ins Innere zu ziehen, also die Oberfläche zu verkleinern. Die Oberfläche ist wie eine „Haut" gespannt, man spricht von einer „Oberflächenspannung". In diese elastische „Haut" drückt die Büroklammer kleine Mulden, so daß sie mehr Wasser verdrängt, als ihrem Volumen entspricht: sie schwimmt. Ein Tropfen Geschirrspülmittel auf das Wasser und die Oberflächenspannung ist aufgehoben. Die Büroklammer geht unter.

Auf diese Weise lassen Sie noch andere Gegenstände aus Metall schwimmen: Stecknadeln, Nähnadeln, Pfennigstücke usw. Eine kleine Eintauchhilfe ist auch Löschpapier, das Sie unter die Gegenstände legen. Das Papier saugt sich mit Wasser voll und geht unter, während die Gegenstände auf der Wasseroberfläche schwimmen.

Eine schwimmende Rasierklinge zeigt noch ein anderes physikalisches Phänomen: Sie richtet sich nach Norden aus.

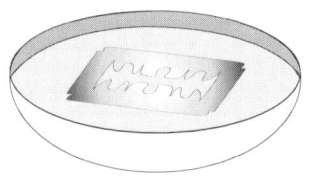

Oberflächenspannung

a) Dünnes Glasröhrchen • Geschirrspülmittel* • Kerze

Mit einem dünnen Glasröhrchen blasen Sie eine möglichst große Seifenblase. Damit sich die Blase länger hält, halten Sie das Glasröhrchen genau senkrecht nach unten. Wenn Sie mit dem Pusten aufhören, zieht sich die Blase langsam wieder zusammen. Das liegt nicht am äußeren Luftdruck, denn der Innendruck steht im Gleichgewicht zum Außendruck und dem Druck der Seifenhaut. Es liegt an der Oberflächenspannung.

Die nach innen gerichteten Kräfte in den Flüssigkeitsmolekülen sind bestrebt, die Oberfläche von Körpern zu verkleinern. Auch die Kugel,

---

*   Ein bewährtes Rezept für die Herstellung von Seifenblasen: 5 Eßlöffel Geschirrspülmittel, 1 Teelöffel Wasser vorsichtig unterrühren, 1 Tropfen Glyzerin (falls vorhanden)

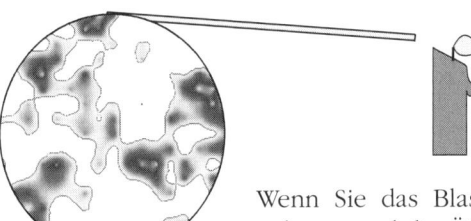

die ohnehin schon bei gegebenem Rauminhalt die kleinste Oberfläche hat, schrumpft noch weiter.

Wenn Sie das Blasröhrchen aus dem Mund nehmen und die Öffnung an eine Kerzenflamme halten, kann die „Druckluft" aus der Seifenblase die Flamme auspusten.

b) 2 gleiche, neue Luftballons • ein passender, ca. 20 cm langer Gummischlauch

Ein Luftballon wird nur zu einem Drittel aufgeblasen und auf ein Schlauchende gezogen. Der Schlauch wird in der Mitte abgeknickt, so daß keine Luft entweichen kann. Ein Helfer bläst den zweiten Ballon zu zwei Drittel auf und stülpt ihn über das andere Schlauchende. Was wird passieren, wenn man jetzt den Knick im Schlauch freigibt? Wird der kleine Luftballon größer und der große kleiner? Oder vielleicht umgekehrt? Oder behalten beide Ballons ihre Größe?

Der kleine Ballon wird noch kleiner und der große noch größer. Die Begründung ist die gleiche, wie im Versuch a): Bei dem kleinen Luftballon ist die Krümmung der Haut stärker als bei dem großen. Die Kräfte der Oberflächenspannung sind demnach stärker zum Mittelpunkt hin konzentriert. Das Ergebnis ist eine größere Druckkraft auf das Innere des kleinen Ballons. Und diese gleicht sich aus, wenn eine Verbindung zwischen beiden hergestellt wird.

Aus dem gleichen Grund sind kleine Wassertropfen stabiler als große.

c) GE: Warum lassen sich aus reinem Wasser keine haltbaren Blasen pusten? Wasser hat doch eine größere Oberflächenspannung als zum Beispiel Seifenlauge?

Wasser hat eine zu große Oberflächenspannung. Die äußere Hülle einer Wasserblase zieht sehr stark nach innen und preßt die Innenluft zusammen. Schließlich durchbricht die Luft an der schwächsten Stelle die Wasserhülle und läßt die Blase platzen. Die Moleküle der Seifenlaugen dagegen haben eine schwache Oberflächenspannung. Die eingeschlossene Luft kann die Blase weit dehnen, ohne daß sie reißt.

Wasserspiele

Schale oder tiefer Teller mit **sauberem** *Wasser* ● **Streich-**
hölzer ● **Würfelzucker** ● **Seifenpulver oder Geschirr-**
spülmittel ● **kleines Boot aus Sperrholz** ● **Öl** ● **Nähgarn**

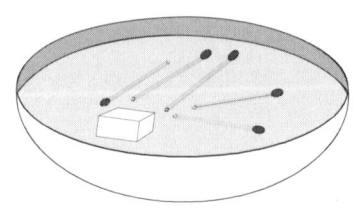

a) Sie entfernen vom vorletzten Versuch die Eisenteile aus der Wasser-
schale und verteilen mehrere
Streichhölzer auf die Wasseroberfläche. Jetzt legen Sie ein kleines Stück
Würfelzucker in das Wasser. Was
beobachten Sie?
Die Streichhölzer schwimmen alle in eine Richtung und sammeln sich
in der Mitte der Schale. Wie ist das zu erklären? Zucker erhöht die
Oberflächenspannung des Wassers. Mit wachsender Oberflächenspannung wächst auch der Meniskus an der Schalenwand. Das Wasser fließt
zur Mitte und nimmt die Streichhölzer mit.

Den gegenteiligen Effekt erzielen Sie, wenn Sie einen kleinen Klumpen
Seifenpulver oder einen Tropfen Geschirrspülmittel in das Wasser
geben. Seife verringert die Oberflächenspannung, der Meniskus an der
Schalenwand wird kleiner und die Streichhölzer zerstäuben in alle
Richtungen.

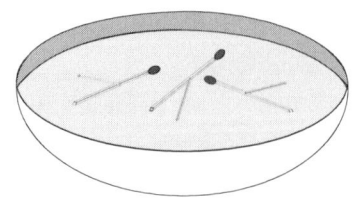

b) Spalten Sie das hintere Ende einiger Streichhölzer und schmieren Sie
etwas Seife in den Spalt. Wenn Sie
jetzt die Streichhölzer ins *saubere*
Wasser legen, schwimmen sie davon. Wie kommt der „Raketenan-
trieb" zustande?

Die Seife zerstört nach und nach die Oberflächenspannung des Wassers.
Die von der nach innen gerichteten Kraft befreiten Oberflächenmoleküle drängen nach allen Seiten wie die Reste eines platzenden Luftballons. Ihr Ausdehnungsdruck ist aber nach hinten geringer als nach vorn,
weil sie nach hinten ausweichen können. Als Druckreaktion nach vorn
setzen sie das Streichholz in Bewegung. Wenn Sie die „Flossen" verschieden abknicken, können die kleinen Streichholzboote auch weite
Kreise schwimmen. Nehmen Sie statt Seife Geschirrspülmittel, erfolgt
der Rückstoßantrieb erheblich schneller, hält aber nicht so lange an.

c) Eine andere physikalische Ursache liegt dem „Ölantrieb" zugrunde. Sie sägen ein kleines Holzbrettchen (siehe Abbildung) aus und lassen es im Wasser schwimmen. Wenn Sie jetzt etwas Öl in den erweiterten Schlitz träufeln, setzt sich das Boot in Bewegung.

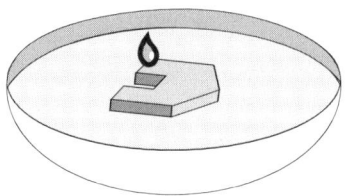

Hier sind es Adhäsions- und Kohäsionskräfte, die für den Antrieb sorgen. Die Adhäsionskräfte zwischen Wasser und Öl sind größer als die Kohäsionskräfte der Moleküle untereinander. Das Öl breitet sich deshalb auf der Wasseroberfläche aus. Dabei stößt es an die Schlitzwände. Die Seitenkräfte nach links und rechts heben sich gegenseitig auf, aber die Kräfte nach vorn und hinten sind unterschiedlich. Die nach hinten ausweichenden Ölmoleküle finden keinen Widerstand, so daß die nach vorn wirkenden Teilchen eine Antriebskraft ausüben können.

d) Sie lassen eine kleine Schlinge aus Nähgarn auf dem *sauberen* Wasser schwimmen. Wenn Sie jetzt einen winzigen Tropfen Geschirrspülmittel in die Mitte der Schlinge träufeln, zieht diese sich sofort kreisrund und strafft sich.

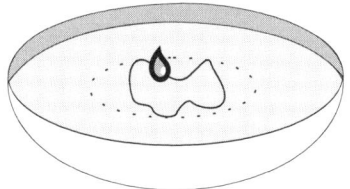

e) Legen Sie eine Drahtspirale auf die *saubere* Wasseroberfläche. Wenn sie ein wenig eingefettet ist (meist genügt die dünne Fettschicht, die vom Anfassen übertragen wird), schwimmt sie besser. Nun tropfen Sie etwas Spiritus oder dünnes Nähmaschinenöl in die Mitte. Sie werden erstaunt sein, wie lange sich die Spirale dreht.

f) Auf einen flachen Teller schütten Sie etwas Kaffee, so daß der Boden gerade bedeckt ist. Dann geben Sie einige Tropfen Spiritus oder anderen hochprozentigen Alkohol in die Mitte. Alkohol hat eine kleinere Oberflächenspannung als das Kaffeewasser und „will" deshalb eine größere Fläche einnehmen. Es drängt den Kaffee zur Seite bis an den Tellerrand, so daß der Tellerboden kurzzeitig sichtbar wird. Nach einiger Zeit mischen sich beide Flüssigkeiten und das Loch in der Mitte schließt sich wieder.

Wärme und Oberflächenspannung

Zwei Einmachgläser • *Papiertaschentücher* • *Seifenpulver*

Sie füllen zwei Einmachgläser mit
Wasser, eines mit kaltem Wasser, das
andere hat eine Temperatur von ca.
80° C. Auf beide legen Sie gleichzeitig ein Papiertaschentuch. Das Tuch
auf dem warmen Wasser sinkt wesentlich schneller ein.

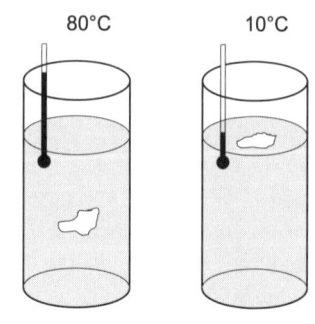

Erklärung: Die Wassermoleküle bewegen sich mit steigender Temperatur heftiger und viele von ihnen ver-
lassen die Oberfläche und gehen in Dampf über. Das bedeutet, daß hier
die Oberflächenspannung herabgesetzt ist. Wenn Sie statt des heißen
Wassers Gläser mit gleich warmem Wasser nehmen, aber in ein Glas
etwas Seifenpulver geben, sinkt dort das Taschentuch ebenfalls schneller ein.

Wasserperlen

Wasserleitung • *Stativstange*

Sie lassen aus der Wasserleitung einen feinen Strahl laufen. Dann halten Sie einen runden Gegenstand,
zum Beispiel eine Stativstange oder
ein dickeres Glasrohr, unter den
Wasserstrahl. Wenn Sie jetzt vorsichtig den Gegenstand dem Wasserhahn nähern, nehmen die Wasserteilchen zunehmend Kugelform an,
bis der Strahl wie eine Perlenkette
aussieht.

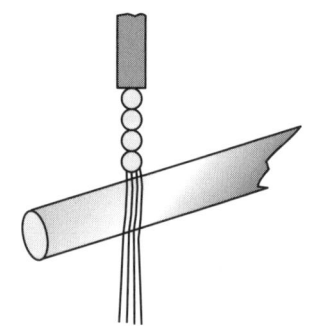

Die Stauung führt dazu, daß sich die Oberflächenspannung stärker
bemerkbar macht und den fließenden Strahl einschnürt, bis er sich in
kugelförmige Tropfen teilt. Entfernen Sie den Gegenstand etwas, läuft
der Strahl wieder glatt.

Nasse Pinselhaare

Weicher Malpinsel ● *eventuell Rasierpinsel* ● *Glas mit Wasser*

Sie tauchen einen Pinsel für Wasserfarben oder ein Rasierpinsel in ein Gefäß mit Wasser. Im Wasser streben die Haare des Pinsels auseinander. Wird er aus dem Wasser herausgezogen, so liegen die Haare eng beieinander und sind nicht „zerzaust". Auch die nassen Haare auf Ihrem Kopf liegen in Strähnen dicht an dicht.

In der Nähe der Wassermoleküle auf der Oberfläche der Haare haben nur wenig andere (ungebundene) Wassermoleküle Platz. Das Resultat ist, daß sich die benetzenden Wassermoleküle stark anziehen – und die Haare mitnehmen.

Wasserfalle

Flasche mit weitem Hals ● *Verbandsmull* ● *Gummiring* ● *Kasten aus feinmaschiger Drahtgaze* ● *Wasser*

a) Kommt Wasser mit Luft in Berührung, schließt sich die Wasseroberfläche sofort zu einer dünnen Haut. Diese Haut kann sogar das eigene Wassergewicht tragen, wie der folgende Handversuch zeigt.

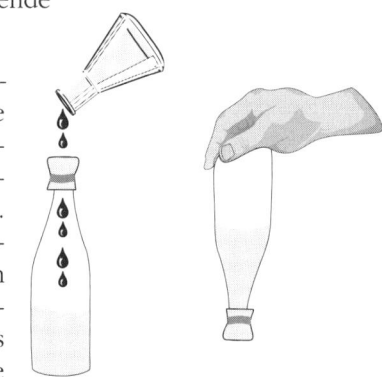

Füllen Sie eine Milchflasche mit *sauberem* Wasser (es dürfen sich keine Spülmittelreste in der Flasche befinden!), und umschließen Sie die Öffnung mit einem Stück Verbandsmull. Den Verband legen Sie um den Flaschenhals und sichern ihn mit einem Gummiring. Jetzt drehen Sie die Flasche herum, halten aber anfangs noch die Hand oder ein Stück Pappe über den Stoff. Vorsichtig nehmen Sie nun die Hand von der Öffnung. Siehe da! Kein Wasser läuft aus der Flasche.

Sie können auch die Flasche durch den Stoffverschluß hindurch mit Wasser füllen. Ist die Flasche voll, kann man sie unbesorgt auf den Kopf stellen – das Wasser läuft nicht heraus. Die Haut verschließt die Öffnungen des Stoffes. Aus demselben Grund sind Zelte wasserdicht. Berührt man allerdings den Stoff, dringt das Wasser sehr schnell hindurch.

b) Überrascht stellen Sie fest, daß auch ein kleiner Kasten aus feinmaschigem Draht, der leicht eingefettet ist (aber noch offene Poren hat) im Wasser schwimmt. Sie lassen vorsichtig etwas Wasser in den Drahtkasten. Das Wasser verklebt die Poren und sorgt dafür, daß von außen kein Wasser eindringen kann. Sogar ein Teesieb geht auf diese Weise nicht unter.

Das Fett auf dem Drahtnetz unterstützt die Haltekraft der Oberflächenspannung. In ähnlicher Weise werden Stoffe imprägniert.

Dichte von Petroleum

> ***U-Rohr aus Glas*** ● ***angefärbtes Wasser*** ● ***Petroleum*** ●
> ***Lineal***

Erst füllen Sie angefärbtes Wasser, dann Petroleum in ein U-förmiges Glasrohr. Die Petroleumsäule steht um den Betrag $h_P - h_W$ höher als die Wassersäule, da Petroleum eine geringere Dichte als Wasser hat und sich nicht vermischt. Beide (ruhenden) Flüssigkeiten befinden sich im Kräftegleichgewicht. Sie messen die Flüssigkeitsstände und rechnen die Dichte aus:

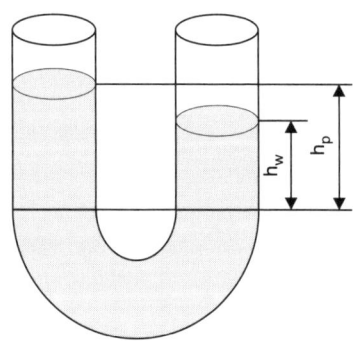

$$\rho_P = \frac{h_W \cdot 1 \frac{g}{cm^3}}{h_P} \approx 0{,}8 \frac{g}{cm^3}$$

Schweredruck und Luftverdrängung

Blechdose (alternativ: doppelt durchbohrter Stopfen im Glaskolben) • *Wasserbehälter*

Gut geeignet für diesen Handversuch ist ein Dosenmilchbehälter oder eine Blechdose für Motorenöl, die Sie an einigen Tankstellen mitnehmen können. In der Bodenfläche befinden sich zwei Löcher, die das Entleeren der Dose erst ermöglichen. Am besten, Sie nehmen gleich mehrere Dosen mit, denn diesen Versuch sollten alle Schüler selbst ausführen.

Zuerst taucht der Schüler die Dose *mit den beiden Löchern nach oben* genau senkrecht unter das Wasser. Es dringt kein Wasser ein und es kommen auch keine Luftblasen aus der Dose heraus (Bild 1). Dann umgekehrt: Mit den beiden Löchern voraus wird die Dose senkrecht unter die Wasseroberfläche gedrückt. Wieder kann kein Wasser durch die beiden Löcher eindringen.

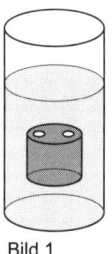 

Bild 1 Bild 2

Im dritten Versuch hält der Schüler die Dose genau waagerecht, so daß die beiden Öffnungen seitlich auf gleicher Höhe liegen (Bild 2). Erstaunlich: Wieder dringt kein Wasser ein, keine Luftblasen entweichen.

Erst wenn die Dose unter Wasser etwas gedreht wird, wenn also ein Loch höher als das andere liegt, kann Wasser in die Dose eindringen und Luftblasen können entweichen. Aber in welches Loch dringt das Wasser ein: in das obere oder das untere? Das Wasser dringt stets in das tieferliegende Loch ein, während die Luft aus dem höherliegenden Loch entweicht.

Zur Erklärung: Unter Wasser entsteht ein Schweredruck, der von der Eintauchtiefe abhängig ist. Liegen die Dosenöffnungen auf gleicher Höhe, ist auch der Schweredruck an beiden Öffnungen gleich groß, so daß keine Luft entweichen und dem Wasser Platz machen kann. Beim Kippen der Dose aber liegt ein Loch tiefer als das andere, und der Schweredruck ist unterschiedlich groß. Der größere Druck am tieferliegenden Loch läßt Wasser in die Dose eindringen, denn die eingeschlossene Luft kann über die obere Öffnung gegen den (etwas) kleineren Schweredruck entweichen.

Wasserfontäne

Möglichst hohe Blechdose (alternativ: großer Joghurtbecher aus Plastik • Löcher mit Stricknadel einstechen) • großes Wassergefäß

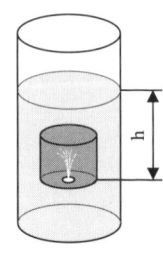

In den Boden einer hohen, offenen Blechdose (Krautfabrik!) haben Sie mittig ein d = 5 mm großes Loch gebohrt. Der Schüler taucht die Dose mit der Bohrung voraus senkrecht und zügig unter Wasser und beobachtet das eindringende Wasser.

Beobachtung: Mit steigender Eintauchtiefe steigt auch die Höhe der Wasserfontäne. Der Schweredruck p, der für das Anheben der Wassersäule verantwortlich ist, wird mit zunehmender Eintauchtiefe h größer:

$p = \rho \cdot g \cdot h$

Spritzweite

Hohe Blechdose • Wasser • Auffangwanne

In eine hohe Blechdose haben Sie in gleichem Abstand übereinander 3 Löcher (d = 5 mm) gebohrt und mit kleinen Gummistopfen verschlossen. Sie füllen die Dose bis zum Rand mit Wasser und entfernen nacheinander die drei Stopfen. Aus dem untersten Loch spritzt das Wasser mit weitem Strahl, weil hier der Schweredruck am größten ist.

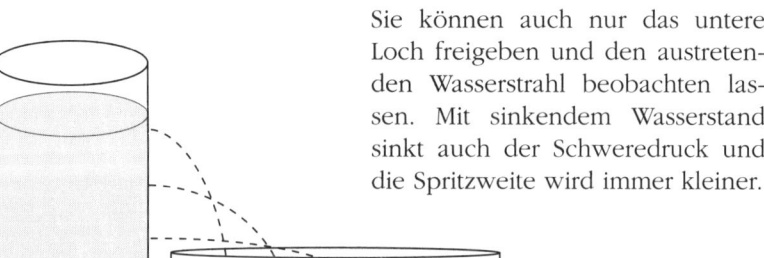

Sie können auch nur das untere Loch freigeben und den austretenden Wasserstrahl beobachten lassen. Mit sinkendem Wasserstand sinkt auch der Schweredruck und die Spritzweite wird immer kleiner.

Auftrieb, Dichte und Volumen

Wassergefäß • *Plastellin*

Sie nehmen ein Stück Plastellin und teilen es in zwei Hälften. Aus der einen Hälfte formen Sie eine Kugel, aus der anderen eine kleine Schale. Beide legen Sie auf die Wasseroberfläche. Warum geht die Kugel unter, während die Schale auf dem Wasser schwimmt? Beide Körper haben doch die gleiche Masse. Verändert sich vielleicht die Dichte?

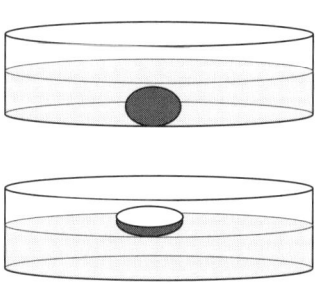

Die Kugel hat zwar die gleiche Masse wie die Schale, aber in der wirksamen Dichte unterscheiden sich beide Körper erheblich. Das wasserverdrängende Volumen der Schale ist viel größer als das der Kugel. Mit steigendem Volumen sinkt aber die wirksame Dichte, bis sie genauso groß ist, wie die der Flüssigkeit. Dann schwimmt der Körper.

$$\text{wirksame Dichte} = \frac{\text{Masse}}{\text{wasserverdrängendes Volumen des Körpers}}$$

Archimedischer Auftrieb

Gefäß mit Wasser • *Gefäß mit Spiritus* • *Styroporkugel* • *Kilogramm-Stück* • *Kraftmesser 10 N* • *Bindfaden*

a) Sie tauchen eine größere Styroporkugel tief ins Wasser und lassen sie los. Die Kugel schnellt nach oben und springt sogar ein Stück über die Wasseroberfläche hinaus.

b) Sie halten ein Kilogrammstück mit einem Kraftmesser unter Wasser. Der Kraftmesser zeigt ein geringeres Gewicht an, und der Wasserspiegel steigt. Das verdrängte Wasser wiegt genausoviel, wie der Auftrieb das Kilogrammstück leichter macht (Archimedisches Prinzip).

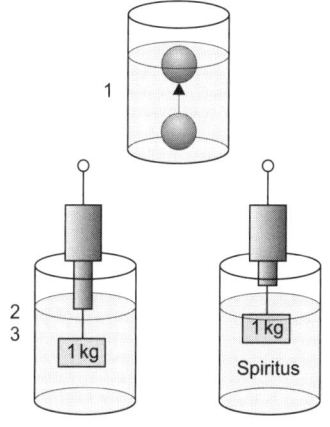

c) Tauchen Sie das Kilogrammstück noch tiefer ins Wasser, ohne daß es am Boden aufliegt. Die Gewichtsverringerung (der „Auftrieb") ist unabhängig von der Eintauchtiefe.

d) Tauchen Sie das Kilogrammstück in Spiritus. Der Kraftmesser zeigt eine deutlich geringere Auftriebskraft. Denn der Auftrieb ist gleich dem Gewicht der verdrängten Flüssigkeitsmenge. Und Spiritus ist leichter (hat eine geringere Dichte) als Wasser.

Das schwimmende Ei

Wassergefäß ● *Salz* ● *Ei* ● *Löffel zum Umrühren* ● *warmes Wasser*

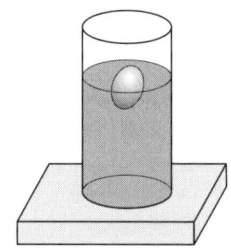

Sie füllen ein Gefäß mit warmem* Wasser und legen vorsichtig ein Ei auf die Wasseroberfläche. Das Ei versinkt, weil die Gewichtskraft größer ist als die Auftriebskraft. Wie kann die Auftriebskraft so vergrößert werden, daß das Ei schwebt oder sogar schwimmt?

Sie erhöhen die Dichte der Flüssigkeit, indem Sie Salz (Kochsalz oder billigeres Streusalz) zugeben und umrühren. Denn die Auftriebskraft ist gleich dem Gewicht der verdrängten Flüssigkeit.

Auftrieb und Dichte

Glasgefäß mit Wasser ● *größerer Eiswürfel*

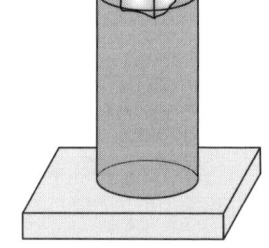

Ein Gefäß ist randvoll mit Wasser gefüllt. Auf dem Wasser schwimmt ein Eiswürfel. Läuft das Wasser über, wenn das Eis auftaut?

Das Wasser läuft nicht über. Bei der Erstarrung hat sich nur das Volumen

---

*   In warmem Wasser löst sich Salz besser.

um 9 Prozent vergrößert. Die Dichte von Eis ist um diese 9 Prozent kleiner als die Dichte von Wasser; deshalb schwimmt der Eiswürfel.

Das Gewicht des Eiswürfels entspricht genau dem der Wassermenge, aus der er entstanden ist. Und dieses Gewicht ist gleich dem Gewicht der verdrängten Wassermenge. Daraus folgt, daß der geschmolzene Eiswürfel nicht mehr Platz braucht als die verdrängte Wassermenge.

Druckunterschied und Auftrieb

*a) Hoher, mit Wasser gefüllter Standzylinder oder Eimer •
Rohr aus Glas oder Kunststoff • Metallzylinder mit Haken
• Schnur*

Sie ziehen eine dickere Metallscheibe (zum Beispiel einen Aluminiumzylinder mit d = 4 cm und h = 2 cm), die in der Mitte einen Haken hat, mit einer Schnur von unten gegen ein größeres, beidseitig offenes Rohr. Dann tauchen Sie das Rohr mit der Metallscheibe in einen hohen mit Wasser gefüllten Standzylinder.

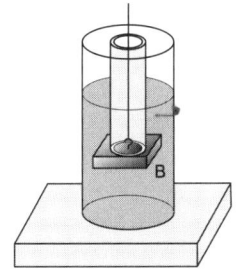

Ab einer bestimmten Wassertiefe können Sie die Schnur loslassen, ohne daß die Metallscheibe zu Boden sinkt. Eine Auftriebskraft drückt die Scheibe von unten gegen das Rohr.
Es ist im wesentlichen der (hydrostatische) Wasserdruck bei B (Kraft ist Druck mal Fläche), der dem Scheibengewicht das Gleichgewicht hält. Dann ziehen Sie das Rohr vorsichtig nach oben. Wenn die Druckkraft kleiner als das Gewicht wird, sinkt die Metallscheibe nach unten.

b) Großer Trichter • Tischtennisball • Wasserbecken

Sie skizzieren die Abbildung auf der nächsten Seite an die Tafel und behaupten: Der Tischtennisball bleibt unter Wasser am Boden des Trichters liegen. Er steigt nicht auf! Zum Beweis legen Sie den Tischtennisball in den Trichter und lassen über dem Waschbecken Wasser in den Trichter laufen. Tatsächlich: Der Ball bleibt auf dem Boden des Trichters liegen. Wo ist der Auftrieb geblieben?

Ganz einfach: Unterhalb des Balles befindet sich kein Wasser und damit fehlt auch der den Auftrieb erzeugende Wasserdruck! Der Schweredruck an der Oberfläche drückt den Ball gegen die Trichteröffnung. Auch wenn beim Einfließen Wasser unterhalb des Balles gelangt, kommt kein Schweredruck zustande, weil das Wasser abfließen kann. Erst wenn man den Abfluß von unten mit dem Daumen verschließt, „schießt" der Ball an die Oberfläche.

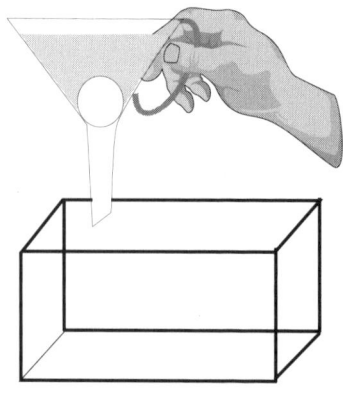

Auch in der Natur kann man diesen Effekt beobachten. Warme Luft steigt bekanntlich nach oben, denn auch hier entsteht Auftrieb nach dem archimedischen Prinzip. Aber erst dann, wenn sich unterhalb der Warmluft ein gewisser Druck ausbreiten kann – sonst bleibt die Warmluftblase am Boden „kleben". Eine kleine Störung (zum Beispiel ein hindurchfahrendes Auto) kann dann zur Ablösung führen. Vögel und Segelflieger profitieren von diesem Aufwind.

Zweimal Auftrieb

Wasserbehälter • verschiedene Massestücke • Waage • Stativmaterial • kleiner Gegenstand zum Eintauchen

In Bild 1a befindet sich ein Wasserbehälter auf einer empfindlichen Waage im Gleichgewicht mit entsprechenden Massestückchen. Nun tauchen Sie (Bild 1b) einen Gegenstand, der an einem mit dem Tisch verbundenen Stativ hängt, ins Wasser, ohne daß er den Boden des Gefäßes berührt. Wie verhält sich die Waage?

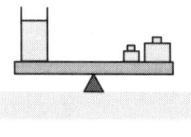

Bild 1a

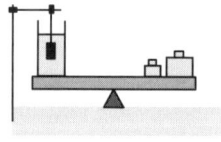

Bild 1b

Müßte nicht die Waage im Gleichgewicht bleiben, weil der Gegenstand keine *zusätzliche Belastung* darstellt? Weder schwimmt er auf dem Wasser, noch drückt er gegen die Gefäßwände oder den Boden des Wasserbehälters.

Nein. Die Waageseite mit dem Wassergefäß und dem eingetauchten Gegenstand zeigt ein größeres Gewicht an. Tauchen Sie den Gegenstand ein, steigt der Wasserspiegel. Der Gegenstand erfährt eine Auftriebskraft nach oben, und um diesen Betrag verringert sich die Haltekraft. Die Gegenkraft zur Auftriebskraft drückt die Waage nach unten. Sie ist gleich dem Gewicht der verdrängten Wassermenge. Diesen Betrag müßten Sie an Massestücken auf die andere Seite der Waage legen, um Gleichgewicht zu erzielen.

Nun zu Bild 2a: Welche Masse müßten Sie zum Ausgleich auf die zweite Waagschale in Bild 2b stellen, damit die Waage wieder ins Gleichgewicht kommt?

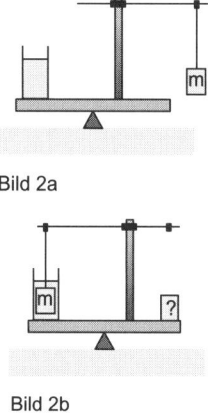

Bild 2a

Antwort: Auch hier verdrängt der vollständig eingetauchte Körper eine Wassermenge m_W, die dem Körpervolumen entspricht. Der Auftrieb entlastet die Aufhängung, wie in dem letzten Beispiel (Bild 1b), und damit die andere Seite der Waage.

Bild 2b

Gleichzeitig drückt die Waagenseite mit dem Wassergefäß nach unten – auch hier mit der Gewichtskraft der verdrängten Wassermenge. Um jetzt das Gleichgewicht wieder herzustellen, sind $2 \cdot m_W$ erforderlich, die Sie auf die andere Waagschale legen müssen.

Noch einmal: Auftrieb

Wasserbecher • leere Filmdose • Eisenstücke ca. 40 g • Folienstift

Sie legen ein Eisenstück (oder ähnliches) von ca. 40 g Masse in eine leere Filmdose und lassen sie in einem Wasserbecher schwimmen. Sie markieren mit einem Folienstift den Wasserstand. Dann nehmen Sie das Metallstück aus der Dose heraus, versenken es im Wasser und lassen die leere Dose schwimmen. Wie verhält sich der Wasserstand? Bleibt er gleich, steigt oder sinkt er? *Eine* Antwort kann nur die richtige sein.

Antwort: Der Wasserstand fällt. Das Eisenstück hat eine etwa achtmal größere Dichte als Wasser. In der Filmdose verdrängt es achtmal mehr Wasser als auf dem Boden des Gefäßes liegend. Hat das Eisenstück eine Masse von m = 40 g und eine Dichte von r = $7{,}85 \frac{g}{cm^3}$, dann verdrängt es ein Wasservolumen von:

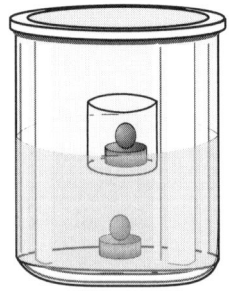

$$V = \frac{m}{\rho}$$

$$V = \frac{40 \text{ g}}{7{,}85 \frac{g}{cm^3}} = 5{,}1 \text{ cm}^3 .$$

In der Filmdose liegend, verdrängt das Eisenstück eine Wassermenge (ein Volumen) von 40 cm³, die seiner Eigenmasse entspricht: 40 g*. Der Wasserstand fällt um 5,1 cm³ auf 34,9 cm³.

Sprudel und Rosinen

Standzylinder • Sprudel • Rosinen (eventuell getrocknete Maiskörner • Backpulver • Essig)

Die Schüler bringen (möglichst hohe) Wassergläser und Sprudelwasser mit. Sie selbst besorgen Rosinen – nicht zu groß und nicht zu fett. Der Versuch gelingt auch mit gut getrockneten Maiskörnern.
Die Schüler füllen das Glas mit Sprudel und lassen ein paar kleine Rosinen ins Glas fallen. Die Rosinen sinken zunächst auf den Boden des Glases, bleiben dort eine gewisse Zeit liegen und steigen dann zur Oberfläche hoch. Gleich darauf sinken sie wieder zu Boden und das Spiel beginnt von neuem.

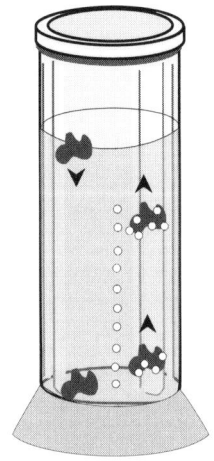

---

* Sogar noch etwas mehr, da die Filmdose auch noch etwas wiegt.

Was geht hier vor? Reißen die aufsteigenden Bläschen die Rosinen mit nach oben? Das kann nicht die Erklärung für das eigentümliche Verhalten sein, denn dann müßten die Rosinen an der Oberfläche bleiben und dürften nicht wieder absinken.

Der Grund ist ein anderer: Das aus dem Sprudelwasser entweichende Kohlendioxid CO_2 hat das Bestreben, sich an Fremdkörpern anzuhaften. Viele anhaftende CO_2-Moleküle bilden eine Gasblase, die die Rosine umhüllt. Damit vergrößern die Bläschen das Volumen der Rosinen, die nun eine größere Wassermenge verdrängen. Der „Gasballon" steigt an die Wasseroberfläche und zieht die eingeschlossene Rosine mit nach oben. Hier platzen die Gasblasen, denn der Innendruck in den CO_2-Bläschen ist größer als der äußere Luftdruck. Die (schweren) Rosinen sinken wieder zu Boden. Das Spiel geht so lange weiter, bis alles CO_2 entwichen ist.

Das „Sprudelwasser" können die Schüler auch selbst herstellen: In einen halben Liter Wasser geben sie zwei Teelöffel Backpulver, rühren gut um und schütten ca. 50 ml Essig hinzu.

GE: Luft hat Masse und Gewicht

Sie legen einen Kolbenpro-ber (mit Hahn), bei dem der Kolben ganz hineingedrückt ist, auf eine empfindliche Waage und stellen seine Masse fest. Dann ziehen Sie 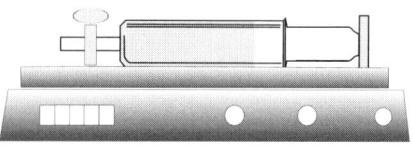 den Kolben weit hinaus und schließen den Hahn. Die Waage sollte jetzt eine größere Masse anzeigen, da die nun eingeschlossene Luft auch eine Masse hat.

Die Waage zeigt aber dieselbe Masse an, weil das herausragende Stück des Kolbenprobers in der Luft einen Auftrieb erfährt. Da der Auftrieb dem Gewicht der verdrängten Luftmasse entspricht, gleichen sich beide Gewichtskräfte aus.

Auftrieb in Luft

Empfindliche Waage • große Plastiktüte (Mülltüte)

Sie hängen die leere, zusammenge-
faltete Plastiktüte an eine Analysen-
waage und stellen das Gleichgewicht her. Dann nehmen Sie die Tüte
ab, pusten sie vollständig auf und
befestigen sie wieder an der Waage.
Sollte sich jetzt nicht die Waagenseite mit der schwerer gewordenen Plastiktüte senken?

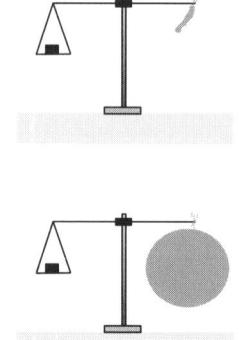

Nein, der Auftrieb in der umgebenden Luft gleicht das größer gewor-
dene Gewicht vollständig aus.

Anmerkung: Mit einem Luftballon können Sie diesen Versuch nicht
ausführen, da sich beim Aufpusten ein größerer Druck einstellt. Damit
steigt die Luftdichte, und es besteht keine Ausgewogenheit mehr
zwischen Gewicht und Auftrieb. Bei einer Plastiktüte, die kaum elastisch
ist, ist der Fülldruck gleich dem Außendruck.

Gase dehnen sich aus

**Luftballon (eventuell Mohrenkopf) • Glasglocke •
Vakuumpumpe**

Jedes Gas füllt den gesamten zur
Verfügung stehenden Raum aus.
Dieses Expansionsbestreben äußert
sich in einer erheblichen Druckkraft.
Sie binden einen leeren Luftballon
zu, legen ihn unter den Rezipienten
einer Vakuumpumpe und evakuie-
ren. Der Ballon bläht sich auf und
kann sogar platzen! Die Luftmenge
„will" den gesamten Raum der Glasglocke ausfüllen und schafft es, die
elastische Hülle aufzuweiten.

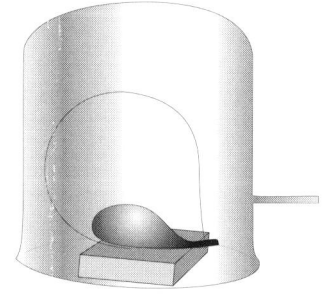

Mit wachsender Ausdehnung sinkt der Innendruck, und es stellt sich ein Gleichgewicht zwischen den elastischen Kräften der Hülle und den Innendruckkräften ein. Die Ausdehnung kommt zum Stillstand.

Günstig ist es, wenn Sie einen gebrauchten Luftballon benutzen und ihn vorher ein paarmal aufblasen, damit er geschmeidiger wird. Eindrucksvoll ist auch, wenn Sie einen Mohrenkopf platzen lassen.

Druckschwankungen, gelöste Gase und Nebel

Halbvolle Sprudelflasche

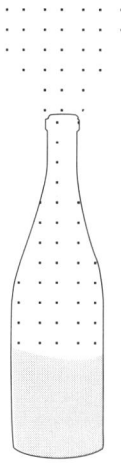

Warum zischt es, wenn Sie eine halbvolle Sprudelflasche öffnen? Warum bildet sich in der Flasche Nebel?

Beim Öffnen fällt der Überdruck in der Sprudelflasche ab und es entweicht Kohlendioxid (CO_2). Das Wasser kann nur sehr wenig CO_2 lösen, aber unter Druck eine größere Menge.
Wenn der Druck abfällt, entweicht das überschüssige CO_2. Der plötzliche Druckabbau läßt die Umgebungstemperatur absinken. Der Wasserdampf in der Flasche kondensiert. Als Kondensationskerne bieten sich hier die CO_2-Moleküle an. Es entsteht Nebel.

Die fallende Kerze

Brennende Kerze ● durchsichtige Plastikdose ● Fahrstuhl

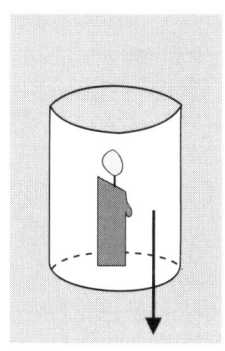

Sie befestigen eine Kerze in einer durchsichtigen Plastikdose (Friedhofsgärtnerei), entzünden sie und lassen die Dose aus ca. 3 m Höhe fallen.
Die Kerze erlischt. Auch in einem abwärts fahrenden Fahrstuhl wird die Flamme erst kugelrund, bevor sie dann bei steigender Fahrgeschwindigkeit ganz ausgeht.

Bei einer normal brennenden Kerze verbraucht die Flamme einen Teil des Sauerstoffs der umgebenden Luft. Die bei der Verbrennung freiwerdende Energie erwärmt die sauerstoffarme Luft, die aufgrund der geringeren Dichte nach oben steigt. Zurück bleibt kurzfristig ein luftverdünnter Raum, in den kalte Umgebungsluft hineinströmt und frischen Sauerstoff mitbringt. Im freien Fall gibt es aber keine Auftriebskraft mehr. Die erwärmte Luft kann nicht mehr entweichen, und die Sauerstoffzufuhr ist unterbrochen. Die Flamme erlischt.

Luft ist elastisch

Kolbenprober oder Fahrradluftpumpe

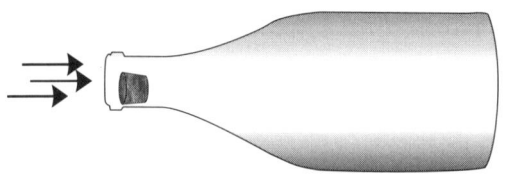

Nehmen Sie einen Kolbenprober mit halb herausgezogenem Kolben in die linke Hand und verschließen Sie die Öffnung mit dem Daumen. Dann pressen Sie den Kolben kräftig nach innen.

Wenn Sie dann den Kolben loslassen, entspannt sich die zusammengepreßte Luft und der Kolben federt fast in die Ausgangslage zurück.

Widerspenstiger Korken

Milchflasche • Korken

Sie halten eine weithalsige Milchflasche möglichst waagerecht und legen einen Korken in den Flaschenhals. Jetzt versuchen Sie, den Korken in die Flasche hineinzupusten. Es wird Ihnen nicht gelingen – im Gegenteil: Je kräftiger Sie pusten, desto eher wird Ihnen der Korken ins Gesicht springen!

Was geht hier vor? Durch das Pusten gelangt ein Teil der strömenden Luft in die Flasche und erzeugt einen Überdruck. Dieser verhindert, daß der Korken in die Flasche rutscht. Der Staudruck, der auf den Korkenboden wirkt, ist geringer als die elastische Gegenkraft der Luft. Sobald man mit dem Pusten aufhört und der Staudruck von außen nachläßt, schleudert die elastische Luft den Korken nach außen.

Noch einmal: Druckausgleich

2 gleiche Luftballons • Plastikröhrchen

Wiederholen Sie nun den Handversuch von Seite 77. Sie blasen zwei gleiche Luftballons auf, einen nur zur Hälfte, den anderen voll. Dann verbinden Sie beide Mundstücke mit einem Plastikröhrchen – aber so, daß keine Luft

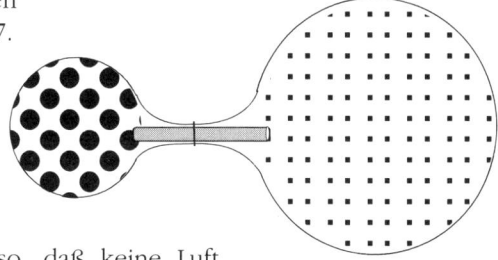

entweicht. Was passiert? Bläst der größere den kleineren auf? Oder umgekehrt? Oder passiert gar nichts?

Im kleineren Ballon stellt sich ein größerer Druck ein als im größeren! Aufgrund der kleineren Krümmung erzeugt die Luftballonoberfläche eine stärkere Kraftkomponente zum Mittelpunkt hin als im großen Ballon. Überraschendes Ergebnis: Der kleinere wird noch kleiner und pumpt den größeren noch weiter auf!
Jetzt verstehen wir auch, warum es erst schwer ist und dann immer leichter wird, einen Luftballon aufzublasen.

Saugheber: Modellversuch

Ca. 3 m lange Kugelkette, eventuell verlängerte Fahrradkette • Rolle • zwei Bechergläser oder zwei kleine Eimer

Sie hängen eine leicht bewegliche Kette über eine Rolle und lassen unterschiedlich lange Stücke der beiden Enden auf dem Boden der Bechergläser aufliegen. Wenn Sie jetzt beide Bechergläser gleichzeitig hochheben, bleibt die Kette im Gleichgewicht.

Was passiert, wenn Sie nur ein Becherglas anheben? Zum Beispiel das mit dem längeren aufliegenden Kettenteil? Jetzt rollt der längere Kettenteil in den tiefer gestellten Becher ab. Das höher gehaltene Kettenteil (obwohl insgesamt ungleich länger) „fließt" in den unteren Becher.

Die Kette dient hier als Modell für den Zusammenhalt der Teilchen einer Flüssigkeit, die der Saugheber (siehe nächsten Versuch) gegen die Schwerkraft „hochtransportiert".

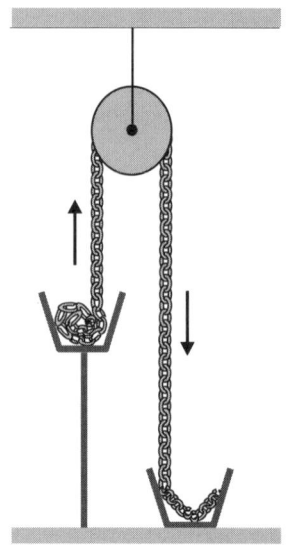

Saugheber: Original

Wassergefüllter Eimer ● *leerer Eimer* ● *Schlauch*

Sie füllen einen Schlauch mit Wasser und halten beide Enden verschlossen. Dann tauchen Sie ein Ende in einen wassergefüllten Eimer und führen das andere Ende in ein leeres Gefäß, das etwas tiefer steht als der Wassereimer.

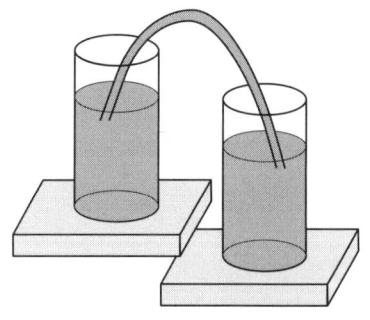

Wie von selbst fließt jetzt das Wasser aus dem Wassereimer den Schlauch hoch – entgegen der Schwerkraft – und in den zweiten Eimer hinein.
Erst wenn beide Wasserstände die gleiche Höhe erreicht haben, hört der Wassertransport auf. Was geht hier vor?

Das Gewicht der Wassersäule im zweiten, etwas längeren Schenkel ist ein wenig größer als im eingetauchten Schenkel. Es läuft ab und zieht aufgrund des starken Zusammenhangs der Wasserteilchen (Kohäsionskräfte untereinander) das Wasser aus dem kürzeren Schenkel hinterher. Die Kohäsionskraft des Wassers sorgt dafür, daß der Wasserstrom sogar im oberen Umkehrpunkt nicht abreißt.

In vielen Physikbüchern steht, daß der Luftdruck die Antriebskraft ist, die das Wasser aus dem Wassereimer nach oben treibt. Der Wassertransport sei beendet, wenn der Luftdruck auf beiden Seiten gleich groß ist. Dann steht der Wasserspiegel in beiden Eimern auf gleicher Höhe. Das kann aber nicht der Grund sein, denn dieser Versuch funktioniert auch im Vakuum, wo kein Luftdruck als Antriebskraft auftritt.

Statt eines Schlauches könnten Sie auch ein nasses Handtuch nehmen.

Luftdruck kontra Wasserdruck

Glasgefäß ● *Pappdeckel* ● *Wasser*

Es folgt ein klassischer Handversuch, der immer wieder Staunen hervorruft, obwohl die physikalische Begründung einsichtig ist.

Sie füllen ein Glas randvoll mit Wasser, bis es überläuft. Auf den nassen, sauberen Rand legen Sie ein Stück Pappe (Postkarte, Bierdeckel, selbstzugeschnittenes Pappstück …). Sie halten mit einer Hand die Pappe fest und drehen das Glas herum. Jetzt

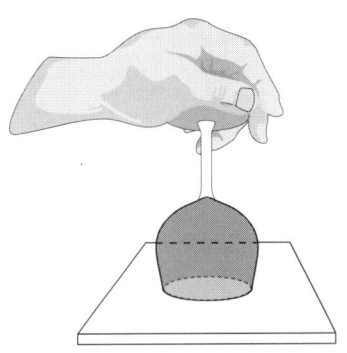

können Sie Ihre Hand wegnehmen. Die Pappe bleibt am Glas hängen und verhindert, daß das Wasser herausläuft. Woher kommt die Kraft, die den Deckel von unten festhält?

Die Luft, die uns umgibt, übt von allen Seiten einen Druck aus. Wie ein Körper unter Wasser von allen Seiten dem Wasserdruck ausgesetzt ist, so drückt auch hier die uns umgebende Luft auf die Pappe. Die seitlichen Druckkräfte heben sich gegenseitig auf. Das Wasser läuft nicht heraus, weil die Druckkraft von unten mit dem Wasserdruck (und dem restlichen Luftdruck von oben) im Gleichgewicht ist. Der Luftdruck ist so stark, daß er einer ca. 10 m hohen Wassersäule das Gleichgewicht halten könnte. Dieser Handversuch funktioniert auch, wenn sich etwas Luft im Wasserglas befindet. Und die Pappe muß nicht unbedingt viel größer als die Glasöffnung sein.

Warum ist überhaupt ein Stück Pappe erforderlich, wenn die Kraft des Luftdrucks doch dem Wassergewicht das Gleichgewicht hält? Die dünne

Haut, die durch die Oberflächenspannung die Wassermoleküle zusammenhält, ist nicht kräftig genug, der Kraft des Luftdrucks zu widerstehen. Die Haut reißt auf und das Wasser fließt ab.

Luft in der Flasche

Wein- oder Bierflasche • Wasser

Sie füllen eine Weinflasche halbvoll mit Wasser und drehen die Flasche zum Ausleeren schwungvoll um. Warum fließt das Wasser nur zögernd aus der Flaschenöffnung?

Beim Entleeren gelangt die Luft in die Flasche und drückt auf das Wasser, so daß es nur langsam und schubweise ausfließen kann. Viel schneller können Sie die Flasche entleeren, wenn Sie kurz vor dem Ausgießen die Flasche etwas in Drehung versetzen. Dabei entsteht im Inneren ein Flüssigkeitswirbel, der einen Kanal zum Flaschenboden öffnet. Durch diesen Kanal gelangt Luft zum unteren Flüssigkeitsspiegel und unterstützt das Ausgießen.

Stechheber

Durchsichtiger Schlauch oder dickeres Glasrohr • durchbohrter Gummistopfen • Wassergefäß

Ein Stechheber ist schnell gebaut: Sie stecken in einen ca. 50 cm langen, möglichst durchsichtigen Plastikschlauch einen gut passenden, durchbohrten Gummistopfen. Der Schlauch füllt sich mit Wasser, wenn Sie ihn unter Wasser tauchen. Dann verschließen Sie mit dem Daumen die Öffnung im Gummistopfen. Sie können nun das eingeschlossene Wasser transportieren, ohne daß es unten herausläuft.
Geben Sie kurzfristig die obere Öffnung frei, können Sie kleine Wasserportionen ablassen.

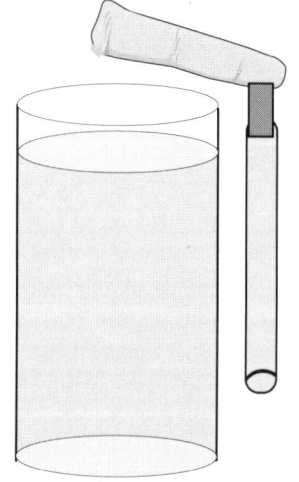

Einmachen

a) *Einmachglas* • *Gummiring* • *Glasdeckel* • *brennendes Stück Papier*

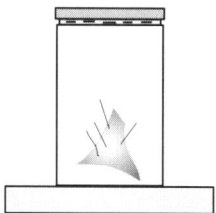

Sie werfen ein brennendes Stück Papier in ein trockenes Einmachglas, legen einen angefeuchteten Gummiring auf den Rand und darauf den Einmachglas-Deckel. Das brennende Papier erlischt nach einer Weile. Die erwärmte Luft dehnt sich aus und kann über den lose aufgelegten Deckel entweichen (der Gummiring funktioniert wie ein Ventil).
Die Luft kühlt ab und daher sinkt ihr Druck. Im Glasinnern entsteht ein luftverdünnter Raum. Der äußere Luftdruck preßt nun den Deckel auf den Glasrand.

b) *Trinkglas* • *Stück eines Luftballons* • *brennendes Stück Papier* • *Nadel*

Werfen Sie ein Stück brennendes Papier in ein Trinkglas. Dann ziehen Sie schnell ein Stück Luftballonhülle über den Glasrand. Das Papier erlischt und die noch im Glas verbliebene Luft kühlt sich ab und verringert ihren Druck. Durch den äußeren Luftdruck wird nun die Ballonhülle tief in das Glas hineingedrückt. Stechen Sie mit einer Nadel in die Hülle, zerplatzt sie mit einem lauten Knall.

c) *Zwei Einmachgläser* • *zwei brennende Papierstücke* • *Gummiring*

Dieser Handversuch ist eine Nachahmung der berühmten „Magdeburger Halbkugeln" von Otto von Guericke.

Erst werfen Sie in beide Einmachgläser ein brennendes Papierstück
(oder einen kleinen Kerzenrest).
Nachdem sich die Luft erwärmt hat
und dabei zum Teil entwichen ist,
legen Sie den Gummiring auf ein
Glas und stülpen das andere darüber. Dann lassen Sie die Luft abkühlen. Sie können die Abkühlung
beschleunigen, indem Sie kaltes
Wasser über beide Gläser schütten.
Der Luftdruck preßt nun die Gläser
zusammen.

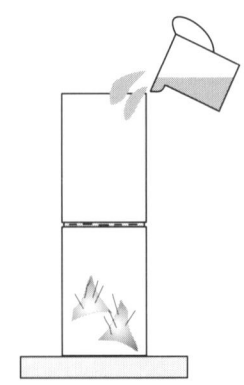

Luftdruck zerschmettert Kanister

*Blechkanister mit Schraubverschluß • Kochplatte • Wasser
Alternative: Getränkedose • Plastikflasche*

Sie füllen einen größeren Blechkanister (zum Beispiel einen leeren 5-l-
Ölkanister) mit etwas Wasser. Dann
erwärmen Sie den Kanister und lassen bei geöffnetem Deckel das Wasser verdampfen. Dabei verdrängt der
Wasserdampf einen Großteil der
Luft.
Jetzt verschließen Sie den Kanister
sehr dicht. Bei der nun folgenden
Abkühlung entsteht im Innern ein

luftverdünnter Raum. Der Grund dafür ist zum einen, daß der Wasserdampf kondensiert und dabei sein Volumen erheblich verringert. Zu
einem kleineren Teil ist es die abkühlende Restluft, die ihren Druck
verringert.

Besonders eindrucksvoll kann der äußere Luftdruck sein Vernichtungs-
werk ausüben, wenn Sie die Abkühlung durch Übergießen mit kaltem
Wasser noch beschleunigen: Der Luftdruck preßt den Kanister mit
lautem Krach *allseitig* zusammen. Ein weiterer Beweis dafür, daß der
Luftdruck von allen Seiten, auch von unten, auf uns einwirkt.

Einfacher, aber nicht ganz so spektakulär, zeigen Sie die Wirkung des Luftdrucks, wenn Sie in eine Plastikflasche 2 bis 3 cm hoch kochendes Wasser gießen und sofort *dicht* verschließen. Nach der Abkühlung ist die Form der Flasche nicht mehr wiederzuerkennen. Sie können das Abkühlen beschleunigen, indem Sie kaltes Wasser über die Flasche gießen.

Sie können auch eine leere Getränkedose mit ein wenig Wasser füllen und solange erhitzen, bis Wasserdampf austritt. Wenn Sie jetzt *sehr schnell* die Dose mit der Öffnung nach unten in ein Wasserbad halten, erfolgt die „Implosion" in gleicher Weise

Ei in der Flasche

Hartgekochtes, gepelltes Ei ● Milchflasche ● brennender Spiritus in einem kleinen Kronenkorken (oder ein Stück brennendes Papier)

Sie stellen auf den Boden einer Milchflasche eine kleine Schale mit Spiritus und zünden ihn an. Die erwärmte Luft entweicht, und nach einer Weile ist die Verbrennung beendet. Jetzt setzen Sie ein mittelhartgekochtes, gepelltes Ei auf den leicht angefeuchteten Flaschenrand und warten ab.

Das Ei wird lang und länger und immer schmaler, bis es durch den Flaschenhals gleitet und mit einem lauten Knall in die Flasche plumpst. Wie Sie das Ei wieder aus der Flasche herausholen können, ohne Teile zu beschädigen, weiß ich nicht genau. Vielleicht probieren Sie es mit geschicktem Pusten.

Glasröhre hebt sich in Glasröhre

Zwei unterschiedlich große Reagenzgläser

Sehr effektvoll und lehrreich zugleich ist dieser Handversuch: Sie brauchen zwei unterschiedlich große Reagenzgläser, von denen das kleinere gerade so in das größere hineinpaßt. Ich selbst habe mir von einem Glasbläser zwei einseitig geschlossene Glasröhrchen (d_1 = 60 mm; l_1 = 800 mm und d_2 = 59,5 mm; l_2 = 500 mm) anfertigen lassen.

In die größere Röhre geben Sie etwas Wasser, so daß der Boden gut bedeckt ist. Jetzt schieben Sie etwa bis zur Hälfte die kleinere Röhre in die größere hinein, drehen beide um, halten sie senkrecht nach unten und beobachten, was passiert.

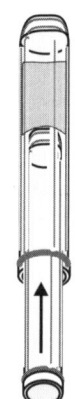

Die kleinere Röhre wird nach oben gezogen! Zwei Kräfte sind hier *gegen die Schwerkraft* am Werke: Zuerst die Kapillarkraft, die das innere Rohr hochzieht, dann der äußere Luftdruck. Denn das Wasser läuft teilweise hinaus und hinterläßt einen luftverdünnten Raum. Die Druckkraft, die auf den Boden der dünneren Röhre wirkt, ist größer als das Eigengewicht.

Wir messen den Luftdruck

Leicht beweglicher* Kolbenprober aus Kunststoff • *Kraftmesser bis 100 N* • *Bindfaden*

Mit der linken Hand halten Sie den Kolbenprober fest und verschließen mit dem Daumen die Spitze. Der Kolben ist vollständig hineingeschoben. Um den Kolbenhals haben Sie eine kräftige Schlinge gelegt, in die Sie den Kraftmesser einhängen. Sie ziehen jetzt am Kraftmesser, und wenn sich der Kolben sichtbar bewegt, lesen Sie die Zugkraft ab: zum Beispiel F = 50 N.

Dann messen Sie den Kolbendurchmesser, zum Beispiel 2,5 cm. Die Kolbenfläche beträgt dann (2,5 cm)² · 0,785 = 4,9 cm². Der äußere Luftdruck p berechnet sich zu:

$$p = \frac{F}{A} = \frac{50\,\text{N}}{4,9\ \text{cm}^2} = 10,2\ \frac{\text{N}}{\text{cm}^2} \approx 1\ \text{bar}.$$

Der Luftdruck beträgt ca. 1 bar (genauer: 1,013 bar = 1013 mbar unter Normalbedingungen). Für eine genauere Messung sollten Sie noch die Reibung berücksichtigen.

---

*   Um die Reibung zu vernachlässigen.

Noch einmal: der Luftdruck

Schale mit Spiritus oder Feuerzeugbenzin (oder brennender Kerzenrest) ● *Glaswanne* ● *Standzylinder* ● *gefärbtes Wasser*

a) Es folgt ein klassischer Handversuch, der aber oft falsch interpretiert wird.

Sie lassen eine kleine Schale mit brennendem Feuerzeugbenzin (oder Spiritus) auf dem Wasser schwimmen. Dann stülpen Sie einen Standzylinder über das „Boot". Das brennende Benzin wandelt den Sauerstoff der Luft in CO_2 und H_2O um und erwärmt die Verbrennungsluft.

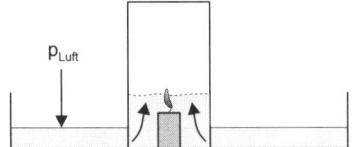

Nun wird oft behauptet, daß die „verbrauchten" Luftbestandteile einen luftverdünnten Raum hinterlassen, in den dann der äußere Luftdruck Wasser hineinpreßt. Aber die Verbrennungsprodukte nehmen den gleichen Raum ein, den der verbrauchte Sauerstoff innehatte. Aber warum füllt sich das umgestülpte Glas teilweise mit Wasser? Die Antwort kann nur physikalischer Art sein:
Ein Teil der heißen Verbrennungsgase strömt unter den Glasrand hindurch und dann durch das Wasser ins Freie. Wenn man ganz genau hinschaut, sieht man, wie die entweichenden Gase kleine Bläschen bilden. Wenn die Flamme erlischt, kühlt die Luft ab und zieht sich zusammen, so daß ein luftverdünnter Raum entsteht. Der atmosphärische Druck außerhalb des Glases drückt nun Wasser in das umgedrehte Gefäß. Oft will es der Zufall, daß gerade 20 Prozent des eingeschlossenen Luftvolumens an Wasser nachströmt. Dann liegt der Trugschluß nahe, zu behaupten, daß das Wasser den Raum des vollständig verbrauchten Luftsauerstoffs einnimmt.

b) Das gleiche Ergebnis erzielen Sie auch, *ohne* daß Sie eine brennende Kerze (oder Spiritus) in einem Gefäß einschließen. Es genügt, wenn Sie die Luft in einem Standzylinder über einer Flamme kräftig erwärmen und danach das Glas mit der Öffnung nach unten in das Wasser halten. Die erwärmte Luft kühlt sich ab, hinterläßt einen luftverdünnten Raum, und der äußere Luftdruck preßt das Wasser bis zu einer neuen Gleichgewichtsposition in das Glas.

c) Um den gleichen Effekt zu erzielen, können Sie auch den im Wasser stehenden Standzylinder von außen mit Eis kühlen.

Zerstäuber

Glasrohr • Glasrohr mit Spitze und Trichteransatz • Gefäß mit Wasser • Stativmaterial • eventuell Styroporblock als Stativersatz

Sie befestigen ein Glasrohr so, daß es in ein Wassergefäß eintaucht und senkrecht steht. Nun pusten Sie kräftig durch das waagerecht gehaltene Glasrohr mit Spitze, das Sie an die Öffnung des eingetauchten Rohres halten. Beobachten Sie den Wasserstand in dem Glasrohr! Das Wasser steigt hoch und gelangt in den Luftstrom, wo es mitgerissen und fein zerstäubt wird.

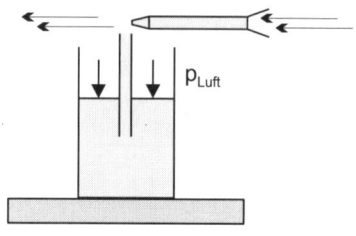

Mit großer Geschwindigkeit, aber mit kleinem Druck streicht die Luft über das „Saugrohr" und erzeugt an der Öffnung einen Unterdruck (luftverdünnter Raum). Da aber der Luftdruck auf die Wasseroberfläche drückt, steigt das Wasser nach oben.

In der Technik findet dieses Prinzip vielfältige Anwendung: Injektorbrenner beim Autogen-Schweißgerät, Vergaser, Parfümflasche, Spritzpistole usw.

Haftende Scheibe

Durchbohrter Stopfen • Glasrohr • 2 Pappscheiben

Sie stecken in einen durchbohrten Stopfen (1, siehe Abbildung S. 105) ein längeres Glasrohr (2) und kleben die Pappscheibe (3) unter den Korken. Die Pappscheibe erhält vorher ebenfalls eine saubere Mittenbohrung, die mit dem Glasrohr abschließt. Eine weitere Pappscheibe (4) mit umgebogenen Führungsnasen (5) ist etwas größer als die Scheibe (3) und liegt lose unten auf.

Wenn Sie jetzt am Glasrohr saugen, haftet die Scheibe 4 an der Scheibe 3. Aber auch, wenn Sie kräftig in das Rohr hineinpusten, fällt die Scheibe nicht ab. Die Druckluft entweicht mit großer Geschwindigkeit zwischen den beiden Scheiben nach außen. Zwischen den Scheiben tritt also ein Gebiet mit vermindertem Druck auf. Der äußere Luftdruck preßt die untere Scheibe gegen die obere. Wenn sich beide berühren, unterbricht kurz der Luftstrom und die untere Scheibe löst sich wieder. Das Spiel aus Sog und Schwerkraft beginnt von neuem.

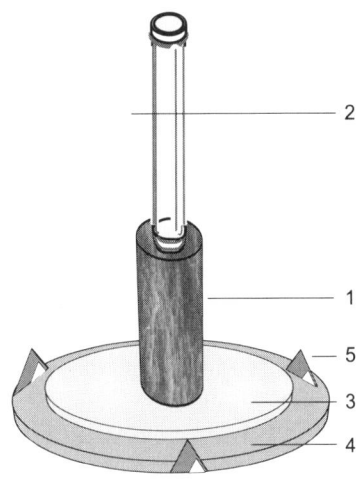

Die Scheibe 4 befindet sich im dynamischen Gleichgewicht.

Noch einfacher ist dieser typische „Handversuch": Sie legen Mittelfinger und Zeigefinger eng beieinander vor den Mund und blasen kräftig durch den engen Spalt. Ein Stück Papier (oder eine Postkarte), das Sie *vor* die Finger halten, wird nicht etwa weggepustet – wie man meinen könnte – sondern angesaugt.

Rückstoß des ausströmenden Wassers

Trichter • langer, beweglicher Gummischlauch • T-Rohr • kleine Gummistopfen • Wanne

Sie bauen die Versuchsanordnung gemäß der Skizze (siehe S. 106) auf. Sie verschließen die beiden Rohrenden des T-Rohres mit kleinen Gummistopfen und füllen gleichzeitig *blasenfrei* Wasser in den Trichter. Schlauch und T-Stück bleiben in Ruhe, weil sich der Wasserdruck bei A und B ausgleicht. Jetzt öffnen Sie das T-Stück bei A. Sofort strömt Wasser heraus. Der Druck bei A entfällt – es ist ja keine Widerstandsfläche mehr vorhanden, auf die er eine Kraft ausüben könnte. Bei B wirkt noch der volle Wasserdruck. Schlauch und T-Stück geben diesem Druck nach und weichen zur Seite aus.

Sie schütten Wasser nach und entfernen auch den Stopfen bei B. Jetzt herrscht wieder Gleichgewicht, da der Druck sowohl bei A als auch bei B gleich ist, nämlich Null. Man kann den Rückstoß auch über die Impulsänderung an der Rohrkrümmung bei x (siehe Skizze) beschreiben.

Wenn Sie den Stopfen A herausziehen, strömt das Wasser mit der Geschwindigkeit v_1 nach unten und stellt in der Zeit Δt den Impuls $\vec{p_1}$ her. Das Wasser verliert diese vertikale Geschwindigkeit. Die Rohrwand liefert die nötige Bremskraft $-\vec{F_1}$ nach oben. In derselben Zeit wird das Wasser auf den Impuls $\vec{p_2}$ nach links beschleunigt. Die Gegenkraft erfährt wiederum die Wand, diesmal als Kraft $\vec{F_2}$ nach rechts. Die Gesamtkraft, die auf die Rohrwand ausgeübt wird, ist $\vec{F} = \vec{F_1} + \vec{F_2}$.

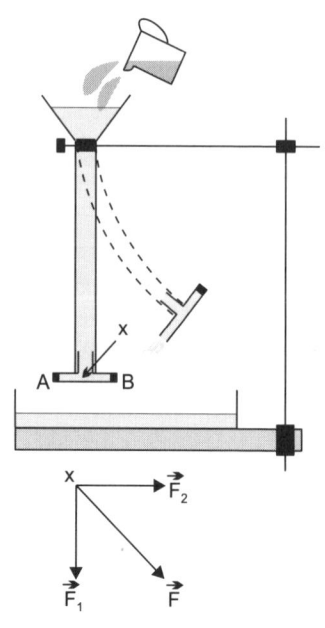

Für die Kraft F gilt:

$$\vec{F} = -\frac{\Delta \vec{p}}{\Delta t} = -\frac{(\vec{p_2} - \vec{p_1})}{\Delta t}$$

(Minus, weil $\vec{F}$ eine Gegenkraft ist.)

Die Kraft $\vec{F}$ ist unabhängig davon, ob das Wasser seitlich ausströmt oder geradlinig weiterfließt. Der Rückstoß rührt also nicht vom Ausfließen, sondern von Impulsänderungen her.

Auch Luft erzeugt einen Rückstoß

Skateboard • Medizinball • Fön • Experimentierwagen • Feder

Zuerst demonstrieren Sie den klassischen Handversuch zum Rückstoßprinzip: Ein Schüler steht auf einem ruhenden Skateboard und wirft einen schweren Medizinball fort. Dort übt er auf den Medizinball eine beschleunigende Kraft aus und erfährt selbst eine Reaktionskraft, die in die entgegengesetzte Richtung wirkt. Diese Kraft nennt man umgangssprachlich „Rückstoßkraft".

Sie legen einen kräftigen Fön mit der Ausblasrichtung nach rechts auf den Experimentierwagen. Der Wagen wird von einer weichen Zugfeder festgehalten. Dann schalten Sie den Fön ein. Die Luft wird nach rechts beschleunigt. Die Rückstoßkraft zieht den Wagen nach links und spannt die Zugfeder.

In einer ähnlichen Weise zieht der Propeller das Flugzeug nach vorn. Die vorbeistreichende Luft erzeugt dann an den Tragflächen den aerodynamischen Auftrieb.

Kerze hinter Flasche auspusten

Brennende Kerze ● *2 saubere, größere Flaschen*

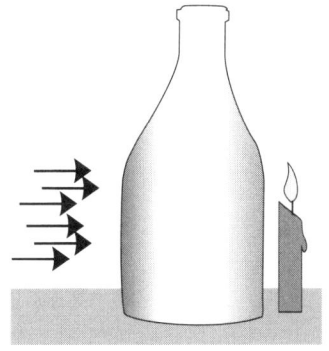

Sie stellen eine brennende Kerze hinter eine dickbauchige Flasche und versuchen von der anderen Seite, die Kerze auszublasen. Obwohl die Kerze im „Windschatten" steht, geht sie augenblicklich aus. Je näher Sie zum Pusten an die Flasche herangehen, desto stärker ist der Effekt. Warum werden die strömenden „Luftfäden" umgelenkt? Warum bewegen sie sich nicht geradeaus weiter?

Die Strömungsfäden bewegen sich anfangs auf einer gekrümmten Bahn und folgen der Form der Flasche. Damit sich die Luftfäden auf einer Kreisbahn bewegen, muß eine Zentralkraft (eine Zentripetalkraft, die zum Krümmungsmittelpunkt zeigt) auf die kleine Luftmasse einwirken. Wie entsteht diese Kraft?

Die kleine Luftmasse hat infolge ihrer Trägheit die Tendenz, auf gerader Bahn weiterzuströmen. Dabei muß sie sich allerdings von der Flaschenoberseite entfernen. Dann entsteht aber zwischen der Flaschenoberfläche und den Luftfäden ein Gebiet mit Unterdruck. Der äußere Luftdruck drückt sofort mit einer senkrechten Kraftkomponente das Luftvolumen in dieses Gebiet, so daß sich die Stromfäden anschmiegen müssen. Die Luft wird gewissermaßen in dieses Unterdruckgebiet „hineingesaugt" und dabei beschleunigt.

So treffen sich die Luftfäden, von beiden Seiten kommend, im Bereich der Kerzenflamme und können diese auspusten. Wenn man die Kerze hinter zwei Flaschen aufstellt, muß man nur etwas stärker pusten, um die Flamme auszulöschen.

Kerze mit Trichter auspusten

Brennende Kerze ● größerer Glastrichter

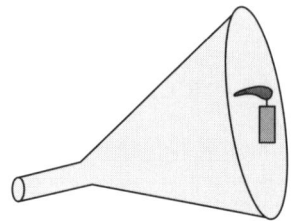

Eine Kerze durch einen Trichter aus-zupusten gelingt nicht, wenn die Kerze in der Trichtermitte steht. Sie fächert sogar in den Trichter hinein. Beim Hindurchpusten folgen die Strömungsfäden der Trichterkrüm-mung, wie im letzten Versuch schon gezeigt wurde. In der Mitte entsteht ein luftverdünnter Raum, in den die Außenluft hineingedrückt wird und die Flamme mitnimmt.

Um die Kerze auszupusten, muß sie an den Trichterrand gehalten werden. Wollen Sie die Luftströmung sichtbar machen, müssen Sie Tabakrauch in die Trichteröffnung blasen.

Postkarte wegpusten

Leicht gekrümmte Postkarte

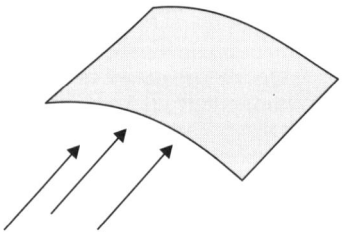

Versuchen Sie einmal, eine leicht gekrümmte Postkarte vom Tisch wegzupusten. Richten Sie dabei den Luftstrahl ins Innere der Wölbung. Es wird Ihnen nicht gelingen. Im Gegenteil, der Luftdruck drückt von oben die Karte noch fester auf den Tisch.

D. Bernoulli hat das Gesetz formuliert: Mit zunehmender Geschwindigkeit verringert sich der Druck eines Gases. Im Luftstrom unterhalb der Postkarte entsteht ein luftverdünnter Raum und der äußere Luftdruck preßt die Karte auf die Unterlage. Ein anderer Teil der Strömungsluft streicht von oben über die Karte und verstärkt noch den Anpreßdruck.

Trichter in Trichter, Ball an Ball, Papier an Papier

a) Glastrichter • kleiner Papierkegel

Sie halten einen größeren Glastrichter über einen kleineren, selbstgebastelten Papierkegel. Wenn Sie jetzt kräftig in den Trichterhals hineinpusten, hebt sich der Papierkegel an und haftet im Innern des Glastrichters.

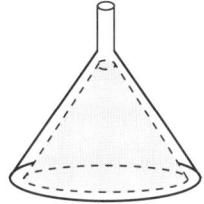

b) Zwei Tischtennisbälle • Bindfäden • Stativmaterial • Fön

Sie hängen zwei Tischtennisbälle etwa 5 cm voneinander entfernt auf und pusten mit einem Fön aus ca. 30 cm Abstand zwischen die Bälle.

Die Tischtennisbälle weichen nicht nach außen aus, sondern bewegen sich aufeinander zu. Hier überlagern sich zwei „Unterdruckerzeuger": einmal die ablenkende Kraft der gekrümmten Luftfäden an der Balloberfläche; zum anderen die nicht abgelenkte, statische Druckkraft der Luftströmung. Beide erzeugen einen luftverdünnten Raum zwischen den Bällen. Der äußere Luftdruck liefert jetzt die „Anziehungskraft".

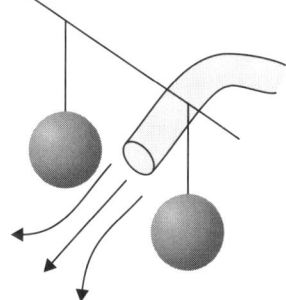

c) *Zwei DIN-A4-Blätter* • *2 Drähte (Fahrradspeichen, Stricknadeln oder ähnliches)*

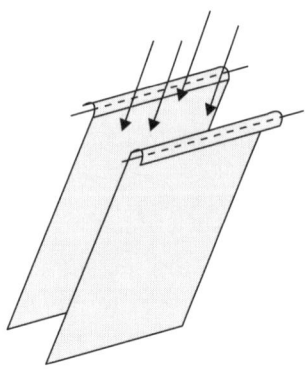

Sie knicken die DIN-A4-Blätter etwas ab und ziehen sie über die Tischkante, so daß sie eine aerodynamische Form bekommen. Dann hängen Sie die „Flügel" über zwei Drähte, die Sie mit den Händen festhalten. Von oben pusten Sie zwischen die beiden nach unten hängenden Blätter. Sie bewegen sich nicht voneinander weg, sondern aufeinander zu!

Es reicht auch aus, zwei DIN-A4-Blätter nebeneinander nach unten zu halten und von oben durchzupusten. Die Blätter schmiegen sich aneinander.

Tragfläche

a) DIN-A4-Blatt

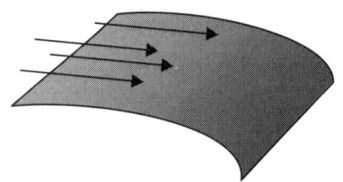

Sie knicken ein DIN-A4-Blatt so ab, wie es die Skizze zeigt, geben dem Blatt eine geringe aerodynamische Profilform und pusten über das Blatt hinweg. Das Blatt wird angehoben, obwohl die Schwerkraft es nach unten ziehen müßte.

Natürlich wirkt auch weiterhin die Schwerkraft, aber die dynamische Auftriebskraft überwiegt und hält bei einer bestimmten Strömungsgeschwindigkeit der Anziehungskraft das Gleichgewicht. In ähnlicher Weise funktioniert auch das Segel und sogar der Flugzeugflügel!

Eine vereinfachte Erklärung ist in dem Handversuch auf Seite 107 „Kerze hinter Flasche auspusten" abgegeben. Die Luftströmung, die geradeaus weiter und sich von der Tragfläche entfernen will, erzeugt an der Tragflächenoberseite einen Unterdruck. Gleichzeitig wird die strömende Luft von oben her in dieses Unterdruckgebiet umgelenkt und nach unten beschleunigt. Von unten kann der Luftdruck die Tragfläche in dieses Gebiet hineindrücken und dabei gegen die Schwerkraft anheben.

b) *Festes Papier* ● *Kleber* ● *runder Bleistift* ● *Fön*

Sie schneiden einen ca. 6 cm breiten und 30 cm langen Streifen festes Papier ab und ziehen ihn so über die Tischkante, daß eine S-Form entsteht (den Streifen von vorn und hinten jeweils nur bis zur Mitte ziehen). Die beiden Enden kleben Sie zusammen und profilieren die vordere Tasche mit einem runden Bleistift. Die „Tragfläche" ist fertig. Sie können auch im Druckmittelpunkt, der sich im vorderen Drittel befindet, ein leichtes Gewicht als Zusatzlast anhängen.

Dann spannen Sie ein längeres Drahtstück unter mehrere Bücher und hängen die Tragfläche an das herausstehende Ende. Mit einem Fön erzeugen Sie die Luftströmung. Jetzt experimentieren Sie mit unterschiedlichen Anströmwinkeln und Strömungsgeschwindigkeiten (Entfernung des Föns!), bis Sie die günstigste Anordnung gefunden haben.

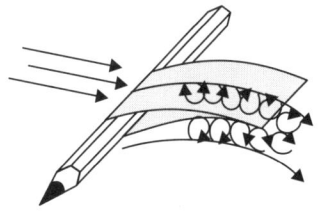

Oberhalb und unterhalb der Tragfläche sind kleine Luftwirbel eingezeichnet, die bei der Umströmung an der Oberfläche auftreten. Oberhalb der Tragfläche drehen sich die Wirbel *in* Strömungsrichtung, so daß die resultierende Strömungsgeschwindigkeit größer wird. Unterhalb der Tragfläche drehen sich die Wirbel *gegen* die Anströmrichtung und verringern die Strömungsgeschwindigkeit. Die damit verbundenen Druckunterschiede (kleine Geschwindigkeit = großer Druck und umgekehrt) sind für die Auftriebskraft mitverantwortlich.

Man kann es auch vereinfacht mit dem „Wechselwirkungsprinzip" nach Newton formulieren: Die Kraft für die Umlenkung des Luftstromes an der Tragflächenrückseite muß gleich der Auftriebskraft des Flügels nach oben sein.

In manchen Physikbüchern ist als Grund für die unterschiedlichen Strömungsgeschwindigkeiten der längere Weg an der Tragflächenoberseite genannt. Das kann aber nicht der Grund sein, wenn man sich einmal ein ganz dünnes angeströmtes Flügelprofil genauer anschaut.

Segelantrieb

Gebogene Pappe • Experimentierwagen • kleine Seidenfäden

An der Mittelstange des Experimen-
tierwagens befestigen Sie ein aero-
dynamisch profiliertes Stück Pappe.
Dieses Segel fixieren Sie so, daß ein
Anstellwinkel von ca. 15° entsteht.
Jetzt pusten Sie über das Segel. Die
Luft erfährt eine Ablenkung nach
hinten. Kleine Seidenfäden, die Sie
am hinteren Ende des Segels befestigt haben, zeigen die Strömungsrichtung an.

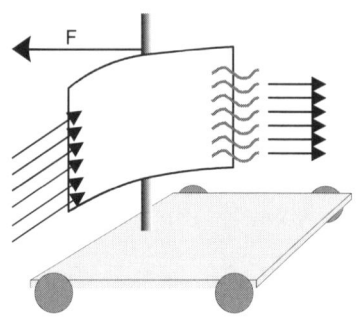

Die beschleunigte und umgelenkte Luft nach hinten ruft eine Reaktionskraft hervor, die als „aerodynamische Querkraft F_A" senkrecht auf der
Strömungsgeschwindigkeit steht. Eine Komponente dieser Kraft setzt
den Wagen nach vorn in Bewegung.

Tischtennisball im Fön

a) Fön • Tischtennisball

Sie halten einen Fön etwa unter 45° und bringen einen Tischtennisball
in den Luftstrom (Bild 1, S. 113). Mit etwas Geschick lassen Sie jetzt den
Ball im Luftstrom tanzen. Interessant ist, daß die Strömung über den
Ball hinwegstreichen muß, um ihn in der Luft zu halten. Die Strömungsfäden werden umgelenkt, verdichten sich, streichen nach unten und
erzeugen so eine Rückstoßkraft. Der Druck in Ballnähe sinkt und der
Außendruck erzeugt eine weitere Auftriebskraftkomponente.

b) Fön • Tischtennisball • gewölbte Fläche

Sie halten jetzt eine gewölbte Fläche, zum Beispiel einen Eimer, einen
Ball oder eine dickbauchige Flasche, in die Nähe des fliegenden
Tischtennisballes (Bild 2). Dort, wo sich die Strömungsfäden verdich-
ten, verringert sich der Druck noch weiter und der Ball wird noch stärker

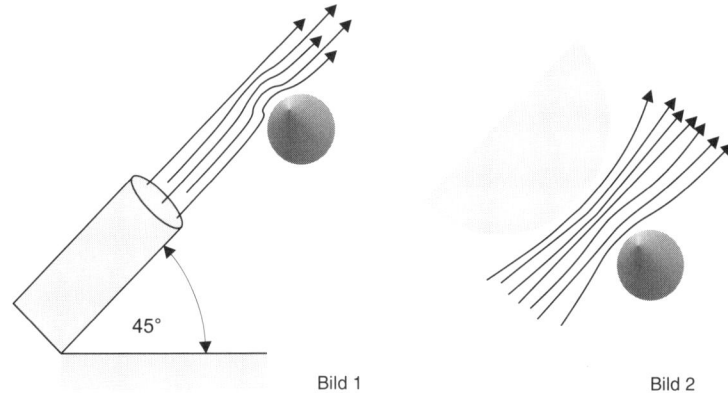

Bild 1   Bild 2

gehoben, bis er die gewölbte Fläche berührt. Dann reißt der Luftstrom ab und der Ball nimmt vorübergehend die alte Position ein.

GE: Warum wird der Wasserstrahl dünner?

Sie drehen einen Wasserhahn auf und beobachten den fließenden Strahl. Warum wird der Strahl nach unten hin immer dünner? Welche Kraft schnürt ihn ein?

Die Zahl der Kubikzentimeter, die je Sekunde durch den Strahlquerschnitt fließt, nennt man „Durchflußgeschwindigkeit". Sie ist über die ganze Länge des Strahls konstant, da sich die Masse nicht ändert. Aber die Fallgeschwindigkeit ist nicht überall gleich: Am Hahnaustritt noch gering, wird sie nach unten hin immer größer. Für eine konstante Durchflußgeschwindigkeit weiter unten ist nur noch ein kleinerer Querschnitt nötig. Eine zusätzliche „Einschnürkraft" ist hier nicht erforderlich.

Kapillarität

a) 2 gleichgroße Glasscheiben (Bilderrahmen) • Gummiband • 2 Streichhölzer • Schale mit Wasser • Tusche

Zwei gleich große Glasscheiben werden in der Mitte durch ein kräftiges Gummiband (eventuell Einmachglasgummi) zusammengehalten. Nun schieben Sie je ein Streichholz so zwischen den oberen und unteren

Rand der beiden Scheiben, daß sie eine keilförmige Öffnung freigeben. Tauchen Sie jetzt dieses „Gefäß" in eine Schale mit etwas Wasser, so stellen Sie fest, daß das Wasser zwischen den Glasplatten unterschiedlich hochsteigt. Wird das Wasser mit Tusche etwas eingefärbt, ist die Erscheinung noch besser zu beobachten.

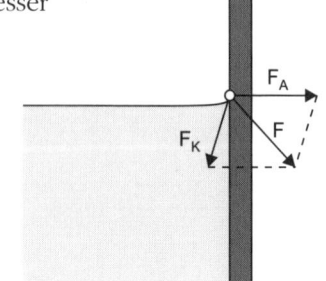

An dieser Erscheinung, die man „Kapillarität" nennt, sind zwei Kräfte beteiligt: an der Grenzfläche zwischen Glas und Wasser die Anziehungskräfte F_K der Wasserteilchen untereinander (Kohäsion) und die Anziehungskraft durch die Glasscheibe F_A (Adhäsion).

Wasser ist gegenüber Glas eine „benetzende" Flüssigkeit, das heißt, die Adhäsionskräfte F_A sind größer als die Kohäsionskräfte F_K. Die Folge ist eine Kraftresultierende F, die schräg nach unten in die Glaswand gerichtet ist. Diese Kraft verschiebt die Wasserteilchen so lange, bis diese senkrecht zu F stehen. Besonders in engen Röhren und Spalten kann das Wasser beträchtliche Höhen erreichen, bis die Gewichtskraft ein weiteres Ansteigen begrenzt.

b) Wollfaden • schräg zulaufendes Wasserglas

Sie tauchen einen Wollfaden in ein halb mit Wasser gefülltes Glas. Ein Ende des Fadens lassen Sie über den Rand hängen. Es dauert nicht lange, und die ersten Wasserteilchen tropfen von dem Faden ab. Über die vielen feinen Röhren und Spalten, die sich in einem Wollfaden befinden, steigt das Wasser aufgrund der Kapillarwirkung nach oben, wird von der Zusammenhangskraft (Kohäsion) über den Rand gezogen und sinkt aufgrund der Schwerkraft und des nachdrückenden Wassers wieder nach unten, aus dem Glas heraus.
Auf diese Art kann man Wasser aus einem Eimer saugen und damit Blumentöpfe feucht halten.

Periodendauer = Schwingungsdauer

Plattenspieler mit Holzscheibe • 2 Stifte • Schatten-projektion • bifilar aufgehängtes Pendel • Bandmaß

Befestigen Sie auf der Dreh-scheibe eines Plattenspie-lers nahe am Rand einen Stift. Einen zweiten Stift set-zen Sie senkrecht in die Drehachse. Dann schalten Sie den Plattenspieler ein.

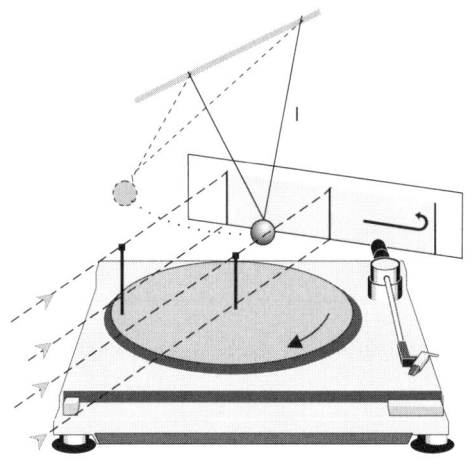

Sie wollen die Kreisbewe-gung und die Schwingungs-bewegung eines Pendels miteinander vergleichen. Beide sind periodische Vor-gänge. Betrachten Sie von oben den äußeren Stift auf dem Plattenteller. Sie sehen eine Kreisbewegung und können die Periodendauer T bestimmen. Dann projizieren Sie von dem drehenden Stift ein seitliches Schatten-bild. Sie stellen jetzt eine hin- und hergehende Bewegung fest.

Nun lassen Sie ein Fadenpendel, das Sie bifilar aufgehängt haben, vor dem Projektionsbild des „pendelnden" Stiftes hin- und herschwingen. Verändern Sie die Fadenlänge so, daß sich beide Bewegungsabläufe decken. Jetzt überdeckt der Schatten der schwingenden Kugel in jedem Augenblick den Schatten des umlaufenden Stiftes. Die „Schwingungs-dauer" – das ist hier die Zeit für den Durchgang des Schattenbildes durch beide Umkehrpunkte – ist die gleiche wie bei der Drehbewegung (gilt aber nur für kleinere Amplituden):

$$T = 2\pi \sqrt{\frac{l}{g}} \ .$$

Die Schüler messen die Schwingungsdauer T, indem sie n = 10 Durch-gänge abzählen und die Gesamtzeit t durch n dividieren:

$$T = \frac{t}{n} \ .$$

Dann messen die Schüler die Pendellänge l und rechnen mit $g = 9{,}81\frac{m}{s^2}$ die Schwingungsdauer aus. Beide Zeitspannen müssen über-einstimmen.

Mit dieser Versuchsanordnung können Sie auch elegant die Fallbeschleunigung g bestimmen. Sie stellen die Gleichung für die Schwingungsdauer nach g um:

$$g = \frac{4\,\pi^2\,l}{T^2} = 39,4\,\frac{l}{T^2}$$

und setzen die Werte für die Schwingungsdauer und Pendellänge ein.

Schwingungsdauer, Pendellänge, Pendelmasse und Amplitude

Verschiedene Fadenpendel • Stoppuhr

Wie hängt die Schwingungsdauer von der Pendellänge, Pendelmasse
und Amplitude des Pendels ab?
Zeigen Sie zuerst, daß die Schwingungsdauer T nicht von der Pendelmasse m abhängig ist. Lassen Sie an jeweils gleichlangen Fäden Kugeln
unterschiedlicher Masse pendeln. Nach Abzählen von ca. zehn Schwingungen und Abstoppen der Zeit ergeben sich gleiche Schwingungsdauern.

Wie hängt die Schwingungsdauer T von der Pendellänge l ab?
Aus der Formel geht hervor, daß $T \approx \sqrt{l}$ ist. Sie hängen an drei
unterschiedlichen langen Fäden jeweils die gleiche Masse und bestimmen wieder die Schwingungsdauer von zehn Pendelbewegungen.
Lassen Sie eine Tabelle anlegen und das Ergebnis graphisch darstellen.

	l_1	$\sqrt{l_1}$	l_2	$\sqrt{l_2}$	l_3	$\sqrt{l_3}$
l in cm	60	7,75	80	8,94	100	10
T in s		1,6		1,8		2

Bei kleinen Ausschlägen ist die
Schwingungsdauer unabhängig von
der Amplitude. Lenken Sie verschiedene Pendel unterschiedlich weit
aus und stellen Sie die Schwingungsdauer fest.

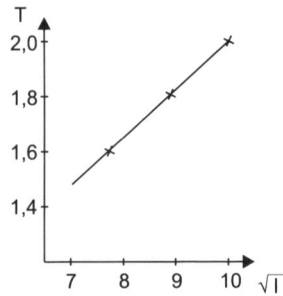

GE: Schwingungsdauer

Für viele Schüler wird es überraschend sein, daß die Schwingungsdauer eines Pendels unabhängig von der Schwingungsweite ist. Oder anders: Bei größeren Amplituden hat die Schwingungsdauer den gleichen Wert wie bei kleineren Amplituden – sofern die Ausschläge kleiner als 30° bleiben. Mit einer kleinen Analogie versuchen Sie, den Sachverhalt deutlich zu machen:

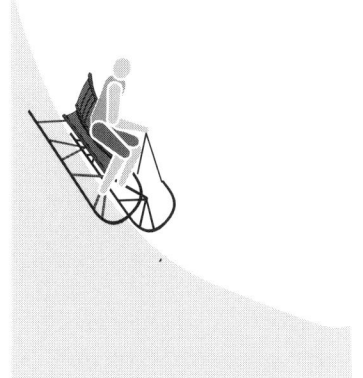

Es ist etwa so wie beim Schlittenfahren von einem Berg herunter, der nach oben immer steiler wird. Je höher man startet, desto rascher kommt man auf große Geschwindigkeit. So wird verständlich, daß man unabhängig davon, von welcher Höhe man gestartet ist, immer die gleiche Zeit für die Talfahrt benötigt.

Sekundenpendel

Fadenpendel (1 m lang)

Ein Pendel, dessen Schwingungsdauer 2 Sekunden beträgt, hat nach dem Pendelgesetz eine Länge von ca. 100 cm. Es durcheilt die Ruhelage einmal pro Sekunde, macht also in einer Sekunde eine halbe Schwingung.

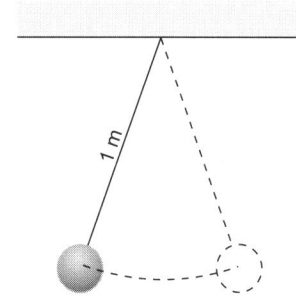

Die Länge des Sekundenpendels ist von der geographischen Breite abhängig. In Berlin beträgt seine Länge genau 99,43 cm.

Schwingende Fahrradkette

Offene Fahrradkette • *Seilstück* • *Rolle* • *geeignete Achse*
• *Stoppuhr*

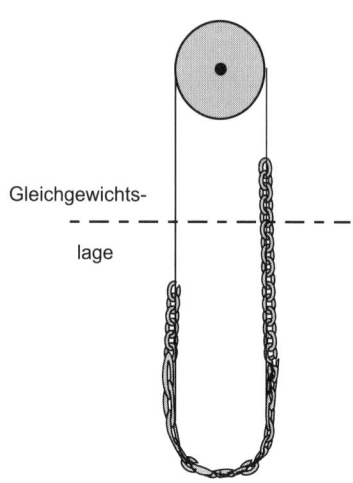

Sie befestigen eine Rolle so an einer
Stativstange, daß sie seitlich geführt
wird und sich leicht drehen läßt.
Dann hängen Sie die Schnur mit der
daran befestigten Fahrradkette über
die Rolle und heben eine Seite der
Kette etwas an. Nach dem Loslassen
gerät die Kette ins Schwingen.
Die Kette führt gedämpfte Schwingungen aus. Die Schüler rechnen die
Schwingungsdauer T und die Frequenz f aus, indem sie n = 10
Schwingungen abzählen und durch
die Gesamtzeit t dividieren:

Gleichgewichts-

lage

$$f = \frac{n}{t} \; ; \; T = \frac{t}{n} \; .$$

Die Frequenz ist die Zahl der in einer Sekunde erfolgten Schwingungen.

Aufzeichnung einer gedämpften Pendelschwingung

a) Tonnenfuß • *Stativmaterial* • *Kunststoffrohr* •
Folienstift • *Faden* • *Folie*

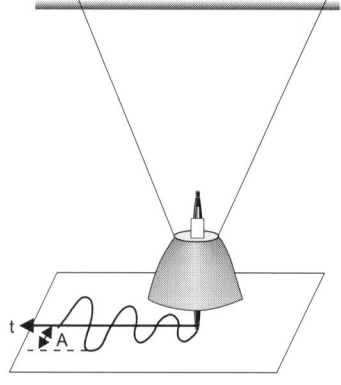

Sie hängen einen schweren Tonnenfuß als Pendel an zwei Fäden auf. In
die Bohrung des Tonnenfußes klemmen Sie ein Kunststoffrohr, in dem
sich ein Folienstift befindet. Wichtig
ist, daß sich der Schreibstift im Rohr
leicht bewegen läßt, ohne zu verkanten. Wenn Sie zur Probe eine
Folie unter dem ruhenden Pendel
langsam nach links ziehen, schreibt
der Stift eine gerade Linie. Nun sto
ßen Sie das Pendel an und ziehen

wieder die Folie langsam und gleichmäßig nach links weg. Der Reibungswiderstand zwischen Stift und Folie und in geringem Maße der Luftwiderstand dämpfen die Schwingung, so daß der Stift eine abklingende Sinuskurve zeichnet.

Sie können erkennen, daß die Schwingungsdauer T konstant bleibt, während sich die Amplitude A verringert.

b) *Fadenpendel bifilar aufgehängt* • *kleines Papierfähnchen* • *Wasserwanne*

Sie lassen das bifilar aufgehängte Fadenpendel unter Wasser schwingen.

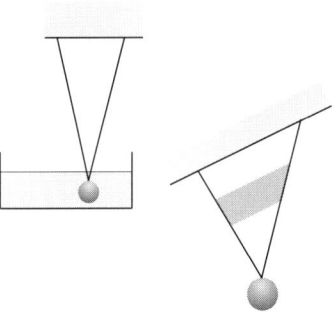

Eine andere Möglichkeit, gedämpfte Schwingungen vorzuführen, ist der Bau eines „Luftdämpfers". Dazu kleben Sie zwischen die beiden Pendelfäden eine kleine Papierfahne.

Gekoppeltes Fadenpendel

2 *Fadenpendel* • *kleines Kopplungsgewicht (ca. 50 g)* • *dünner Bindfaden*

Sie hängen zwei gleiche Fadenpendel auf und befestigen ein kleines Kopplungsgewicht zwischen beiden. Lassen Sie ein Pendel schwingen und beobachten Sie den Bewegungsablauf.

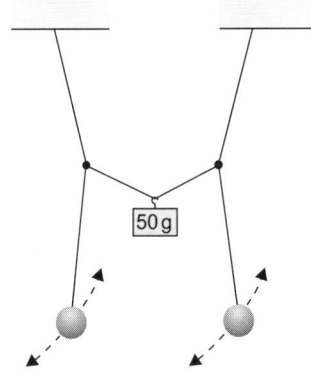

Das schwingende Pendel regt das andere ebenfalls zu Schwingungen an. Die Phasenverschiebung zwischen beiden beträgt 90°. Dabei hebt das schwingende Pendel das Kopplungsgewicht leicht an und dieses übt auf das andere Pendel eine Zugkraft aus. So wird nach und nach die gesamte Schwingungsenergie von einem Pendel auf das andere übertragen.

Läßt man beide Pendel im Gleichtakt schwingen, spielt die Kopplung keine Rolle mehr, da die Entfernung beider Pendel in jedem Augenblick die gleiche ist. Beide Pendel schwingen mit ihrer Eigenfrequenz.
Bei gegensinniger Schwingung *erhöht* sich die Eigenfrequenz. Jedes Pendel erfährt zu der eigenen Rückstellkraft noch die Zugkraft des Kopplungsgewichts.

Resonanz

a) Schraubenfeder ● Massestück

Durch Resonanz lassen sich ge-dämpfte Schwingungen zu unge-dämpften aufschaukeln. Sie müssen nur den schwingenden Körper im Takte seiner Eigenfrequenz ansto-ßen.

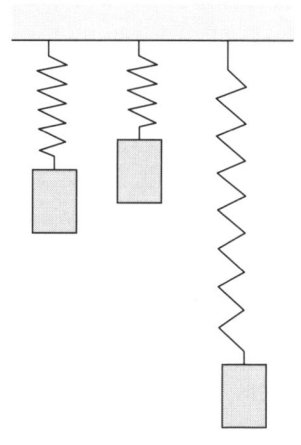

Zuerst lassen Sie bei ruhig gehalte-ner Hand das Massestück an der Schraubenfeder auf- und abschwin-gen und merken sich die Eigen-schwingung. Dann heben und sen-ken Sie die Hand im Rhythmus der Eigenschwingung. Feder und Masse-stück geraten in Resonanz. Die Schwingungen schaukeln sich auf. Aus der zuerst gedämpften wird eine ungedämpfte Schwingung.
Erregte und erregende Schwingung sind „in Phase".

Wenn der Rhythmus der Hand nicht mit der Eigenfrequenz überein-stimmt, verkleinern sich die Ausschläge (Amplituden). Die Schwingun-gen sind dann unharmonisch.

b) Fadenpendel

Sie bringen ein Fadenpendel ins Schwingen und bewegen längere Zeit Ihren Finger im Rhythmus der Schwingung, bis Sie sich die „Eigenfrequenz" eingeprägt haben. Dann lassen Sie das Pendel zur Ruhe kommen. Jetzt stoßen Sie leicht mit dem Finger das Pendel im Takt der Eigenfrequenz an. Die Amplituden werden größer und größer. Finger und Pendel sind „in Resonanz".

c) Schraubenfeder • Massestück

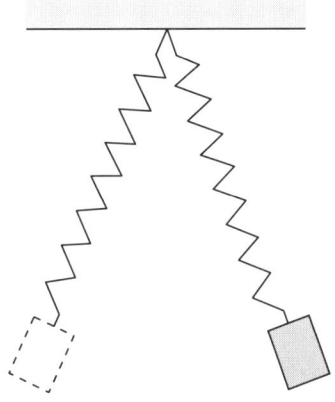

Sie bestimmen die Eigenfrequenz des Feder-(Schwere-)Pendels, indem Sie die Schwingungsdauer von n = 20 Schwingungen messen. Dann verwandeln Sie das Federpendel in ein Fadenpendel mit der Pendellänge l, die Sie aus der Schwingungsformel von Seite 115 berechnen können:

$$l = \frac{T^2 \cdot g}{4\,\pi^2}\ .$$

Lassen Sie jetzt das Feder-Fadenpendel schwingen, gerät es in Resonanz.

Querwellen

a) Langer Schlauch oder langes Seil • Befestigung

Sie klemmen das Ende eines ca. 8 m langen Schlauchs (oder Seil) in eine Tischklemme und spannen ihn leicht an. Dann führen Sie am anderen Ende eine ruckartige, einmalige Auf- und Abwärtsbewegung mit der Hand aus. Die Auslenkung läuft bis zur Tischklemme, kehrt dort um und läuft zum Seilanfang zurück. Haben Sie einen Wellenberg auf die Reise geschickt, kommt ein Wellental zurück.

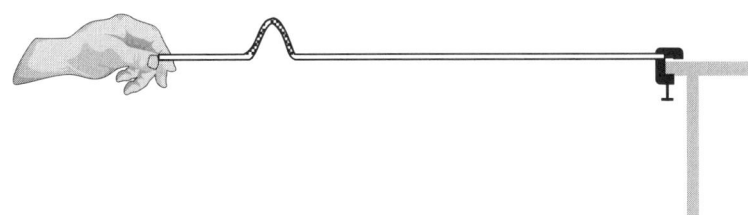

Die Schlauchteilchen sind untereinander „gekoppelt" und übertragen deshalb die Auslenkung über den Schlauch hinweg. Die einzelnen Schlauchteilchen bleiben an ihrem Ort und schwingen quer zur Ausbreitungsrichtung. Man nennt solche Wellen Querwellen oder auch „Transversalwellen".

Stehende Wellen bilden sich, wenn die Frequenz Ihrer ruckartigen Handbewegungen mit der Eigenfrequenz des Schlauches übereinstimmt. Dazu müssen Sie den Schlauch durch dauernde Auf- und Abwärtsbewegungen in Schwingungen versetzen. Die Wellenberge und Wellentäler laufen zur Tischklemme hin, werden dort reflektiert und kommen wieder zurück. Je nach Frequenz Ihrer Hand kommen mehrere halbe Wellenlängen zusammen. An Hand und Klemme liegen immer die Knoten der stehenden Welle.

b) Dünne, etwa 2 m lange Holzleiste

Sie nehmen eine ca. 2 m lange, dünnere Holzleiste an einem Ende in die Faust und stützen sie auf der Tischplatte ab. Nun versetzen Sie das Leistenende durch Kippbewegungen der Faust in Schwingungen. Es bildet sich eine stehende Welle, wenn der Rhythmus der Handbewegungen mit der Eigenfrequenz der Leiste übereinstimmt.

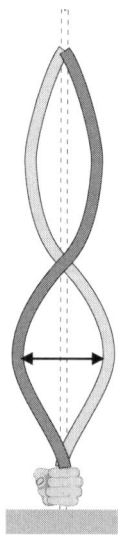

Längswellen

Schraubenfeder, beidseitig eingespannt

Sie spannen eine lange Schraubenfeder beidseitig ein. Dann drücken Sie an einem Ende ein paar Federwindungen in Längsrichtung zusammen. Wenn Sie jetzt die Feder ruckartig loslassen, laufen Verdichtungen und Verdünnungen rasch über die gesamte Schraubenfeder. Die Teilchen schwingen jetzt in Ausbreitungsrichtung um ihre Ruhelage. Es handelt sich hier um eine „Längswelle" oder „Longitudinalwelle". Schallwellen in der Luft sind Längswellen.

Verdichtung

2. Wärmelehre

Längenänderung

> ***Zwei gleich hohe Weinflaschen als Unterlage*** • ***Gasbrenner*** • ***Schweißdraht aus Aluminium (eventuell Stricknadel)*** • ***Korken*** • ***Nähnadel*** • ***kleiner Zeiger aus festem Papier*** • ***mehrere Kerzen*** • ***kleines Gewichtsstück***

Das folgende Experiment ist in (fast) jedem Physikbuch beschrieben – aber leider fehlt dann beim Aufbau der Versuchsanordnung das eine oder andere Einzelteil. Sie behelfen sich so:
Sie drücken einen möglichst langen, festen Rundstab aus Aluminium (es eignen sich auch ein Schweißdraht oder eine Stricknadel aus Metall) in den Korken, der fest in der Flasche steckt. Das freie Ende des Stabes legen Sie auf die Öffnung einer zweiten Flasche. Sie verstärken den Anpreßdruck, indem Sie ein kleines Gewichtsstück an das Stabende hängen. Dann stecken Sie einen Zeiger aus Pappe auf eine Nähnadel und klemmen diese zwischen den Aluminiumstab und Flaschenrand. Wenn Sie jetzt eine Flasche leicht bewegen, macht der Zeiger einen großen Ausschlag.

Jetzt stellen Sie einen Gasbrenner (zur Not eignen sich auch mehrere Kerzenflammen) unter den Stab und wärmen ihn mit breiter Flamme an. Die Schüler können am Zeigeraus-schlag gut verfolgen, wie sich der Stab ausdehnt.

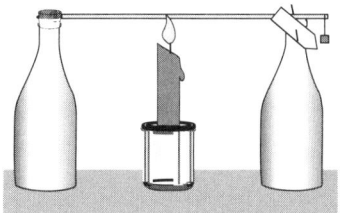

> **b)** ***Stehkolben*** • ***Brenner*** • ***Dreibein*** • ***Schlauch*** • ***Metallrohr*** • ***Tischklemme*** • ***Nadel*** • ***Papierzeiger*** • ***Stopfen mit Glasrohr*** • ***Drahtnetz***

Eine etwas aufwendigere Möglichkeit, die Längenausdehnung zu demonstrieren und den Betrag des Längenausdehnungskoeffizienten abzuschätzen, zeigt die nächste Abbildung (S. 128): Wasserdampf wird durch ein Metallrohr geleitet, das mit einer Klemme auf dem Tisch befestigt ist und mit seinem anderen Ende auf einer frei beweglichen Nadel aufliegt. An der Nadel ist ein senkrecht stehender Zeiger aus festem Papier angebracht.

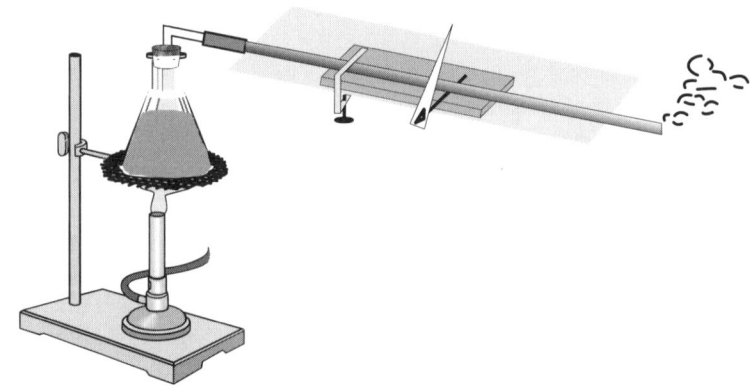

GE: Volumenvergrößerung

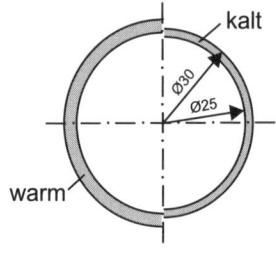

Ein dicker Stahlring mit einem Außendurchmesser von zum Beispiel
30 cm und einem Innendurchmesser
von 25 cm wird rotglühend erwärmt.
Wird der Innendurchmesser größer
oder kleiner? Oder behält er seine
ursprüngliche Größe?

Der Ring dehnt sich nach allen Seiten aus, aber nicht in den freien
Innenraum. Beide Durchmesser werden größer (der äußere aber etwas
mehr als der innere). Die Wandstärke nimmt ebenfalls um einen kleinen
Betrag zu. Begründung: Wenn man (in Gedanken) den Ring aufschnei-
det, der Länge nach abwickelt und dann erwärmt, wird der Streifen
länger und dicker. Wieder als Ring gefügt, sind *beide* Durchmesser
angewachsen.

Nur so ist es möglich, Metallreifen auf ein Holzrad zu ziehen. Im
Maschinen- und Fahrzeugbau kennt man die „Aufschrumpftechnik": Die
Achse wird in flüssigem Stickstoff abgekühlt und verringert dabei ihren
Durchmesser. Dann wird das Außenteil montiert. Haben beide Teile
Umgebungstemperatur angenommen, stellt sich ein guter Preßsitz ein.

Im Anschluß an dieses Gedankenexperiment sollten Sie den bekannten
„Kugelringversuch" vorführen. Weisen Sie darauf hin, daß es sich hier
um eine Hohlkugel handelt. Hohlkörper verhalten sich bei Erwärmung
wie massive Körper.

Verlängerung durch Kraft und Wärme

Erwärmt man einen 1 m langen und d = 3 mm dicken Aluminiumdraht von 20° C auf 50° C, so wird er um 1 mm länger. Welche Masse müßte man an den Draht hängen, um die gleiche Längenänderung zu erzielen?

$$F = \frac{E \cdot A \cdot l}{l} = \frac{67\,000 \text{ N} \cdot 3^2 \text{ mm}^2 \cdot \pi \cdot 1 \text{ mm}}{\text{mm}^2\, 4 \cdot 1000 \text{ mm}}$$

mit dem Elastizitätsmodul E = $57\,000\ \frac{\text{N}}{\text{mm}^2}$ für Aluminium.

$F \approx 500$ N

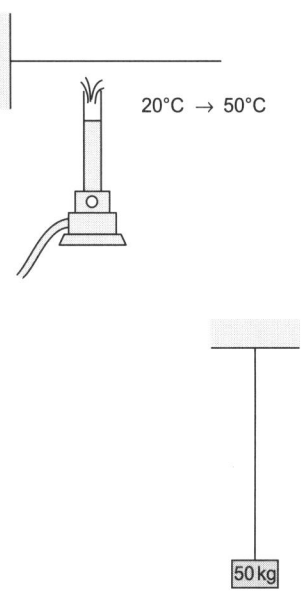

Dem entspricht eine Masse von ca. 50 kg. Die äußere Kraft verrichtet Arbeit an den Aluminiumteilchen, die bei der Ausdehnung einen (geringen) Weg zurücklegen. In diesem Beispiel ist es 1 mm.

Gewöhnlicher Aluminiumdraht hat eine Mindestzugfestigkeit von ca. $130\ \frac{\text{N}}{\text{mm}^2}$. Sie hängen einen Wassereimer an einen d = 1 mm dicken Draht, befestigen den Draht an einem kräftigen Haken und füllen so lange Wasser in den Eimer, bis der Draht reißt.
Eine kleine Rechnung ($p = \frac{F}{A}$) zeigt, daß bei ca. 100 N Last – dem entsprechen etwa 10 l Wasser – die Zerreißgrenze erreicht ist.

Fieberthermometer

Bauchige Flasche • durchbohrter Stopfen • dünnes, langes Glasrohr • mit Eosin, Tinte oder mit Kaliumpermanganat eingefärbtes Wasser • kleine Gummibänder (Schnippsgummi)

Sie füllen in eine bauchige Flasche (eventuell Erlenmeyerkolben) etwas eingefärbtes Wasser. Dann stecken Sie ein Glasrohr mit Korken so in den Flaschenhals, daß es ca. 1 cm in das Wasser taucht. Durch veränderten Einpreßdruck des Korkens (und/oder Verschieben des Glasröhrchens) lassen Sie das Wasser in dem Glasrohr etwas steigen.

Sie lassen die Flasche auf Raumtemperatur abkühlen und markieren mit einem kleinen Gummiband die Höhe der Wassersäule. Jetzt legt ein Schüler beide Hände fest um die Flasche. Die eingeschlossene Luft dehnt sich aus, drückt auf das Wasser und der Druck treibt die Wassersäule nach oben. Auch das erwärmte Wasser beteiligt sich mit einem (wenn auch sehr kleinen Anteil) an der Ausdehnung. Nach einer gewissen Zeit hat die Säule ihren höchsten Punkt erreicht, und wieder markieren Sie die Höhe am Glasrohr. Sie haben ein Thermometer gebaut, das jetzt noch geeicht werden kann.

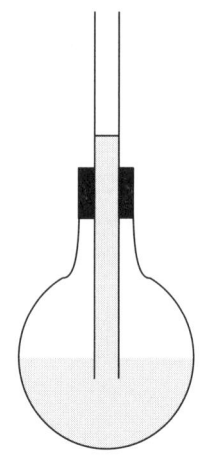

Wenn die Raumtemperatur bekannt ist (zum Beispiel 17° C) und man von einer konstanten Körpertemperatur von etwa 37° C ausgeht, braucht man nur noch den Abstand der beiden Markierungen in 20 Teile zu skalieren und die Skala nach oben und unten fortzusetzen.

Der tanzende Groschen

Wein- oder Bierflasche ● *Zehnpfennigstücke*

Eine leere Weinflasche, die längere Zeit im Kühlschrank gestanden hat, eignet sich gut für diesen klassischen Handversuch.
Sie befeuchten den Rand der Flaschenöffnung und legen einen Groschen auf die Öffnung. Dann umfassen Sie fest mit beiden Händen den Flaschenbauch. Sie ahnen schon, was passiert: Die Münze hebt sich auf einer Seite und fällt dann mit klapperndem Geräusch wieder zurück.

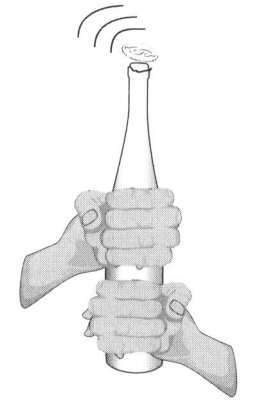

Die kalte Luft in der Flasche erwärmt sich und dadurch erhöht sich der Druck. Der zusammengepreßte Wasserfilm zwischen der Münze und der Öffnung verhindert vorläufig ein Entweichen der eingeschlossenen Luft. Ist die Druckluft groß genug, hebt sich die Münze und etwas Luft entweicht. Sofort sinkt auch der Druck in der Flasche und das „Ventil" schließt wieder mit klapperndem Geräusch. Das Spiel wiederholt sich mehrmals. Tip: Versuchen Sie einmal, zwei Groschen „anzuheben".

Das Sicherheitsventil im Dampfdrucktopf funktioniert nach dem gleichen Prinzip.

Temperaturgefühl: kalt oder warm?

Türblatt • Metallgriff oder: Tischplatte aus Holz • Metallbeine

Eine Holztür und ein metallischer Türdrücker nehmen nach einer gewissen Zeit die gleiche Temperatur wie die umgebende Luft an. Trotzdem fühlt sich der Metallgriff wesentlich kälter an als das Türblatt. Täuscht sich unser Temperaturgefühl?

Unser Tastsinn führt uns tatsächlich in die Irre, wenn er Temperaturen beurteilen soll. Der Türdrücker fühlt sich deswegen kälter an, weil Metall ein guter Wärmeleiter ist und die Körperwärme sehr schnell entzieht. Holz, Kunststoff und besonders Styropor fühlen sich bei gleicher Temperatur warm an, weil die Körperwärme kaum fortgeleitet wird. Wer kennt nicht das Empfinden, wenn man im Badezimmer barfuß von den „kalten" Fliesen auf die „warme" Matte tritt?

Temperaturempfinden

Drei Schüsseln • kaltes Wasser (ca. 4° C) • warmes Wasser (ca. 50° C) • Wasser mit Raumtemperatur

Sie füllen drei Schüsseln mit Wasser, eine mit kaltem Wasser von ca. 4° C, eine mit sehr warmem Wasser (ca. 50° C) und eine Schüssel mit Wasser, das die Umgebungstemperatur angenommen hat.
Die Schüler sollen erkennen, wie subjektiv ihr Temperaturempfinden ist. Zuerst legt ein Schüler seine rechte Hand etwa eine Minute in das warme Wasser und gleichzeitig die linke Hand in die Schüssel mit dem

kalten Wasser. Dann taucht er beide Hände gleichzeitig in die dritte
Schüssel.

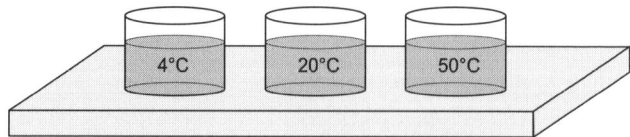

Er kann die Frage nicht beantworten, ob das Wasser in der dritten
Schüssel kalt oder warm ist. Sein Gehirn erhält „widersprüchliche"
Signale von den Temperatursensoren seiner Hand. Die rechte, die
vorher im warmen Wasser war, meldet kaltes Wasser, die andere heißes.
Die Sensoren melden nicht die absolute Temperatur (woher auch, wenn
kein Bezugspunkt vorliegt?), sondern Temperaturdifferenzen.

Heiß und kalt kann man nur eindeutig bestimmen, wenn ein Bezugspunkt vorhanden ist. Das Verwirrende an diesem klassischen Handversuch ist, daß hier *mehrere* Bezugspunkte vorliegen.

Wärmeleitung von Kupfer und Glas

Kupfer- oder Messingstab ● *Glasstab* ● *Bunsenbrenner*

Nehmen Sie einen Kupfer- oder Messingstab in die Hand und halten
ihn in die Flamme eines Gasbrenners. Sie spüren sehr schnell, wie die
Hitze Ihre Hand erreicht. Das ist nicht der Fall bei einem Stab aus Glas.
Die Temperaturleitfähigkeit von Glas ist etwa 400mal schlechter als die
von Kupfer. Ein noch besserer Temperaturleiter ist Silber.

Sind der Metall- und der Glasstab gleichlang, können Sie die unterschiedliche Leitfähigkeit anschaulich demonstrieren: Zwei Schüler stellen sich gegenüber und nehmen den Glas- beziehungsweise den
Metallstab in die Hand. Auf ein Kommando halten sie dann die Stäbe
in die Flamme des Bunsenbrenners. Wer zieht wohl als erster den Stab
zurück?

Richtung und Geschwindigkeit der Wärmeleitung

Stativmaterial • *lange Eisenstange* • *Kügelchen aus Kerzenwachs* • *Bunsenbrenner*

Sie befestigen das Ende einer quadratischen Metallstange an einem Stativ. Dann legen Sie auf die Metallstange in gleichen Abständen kleine Wachskugeln. Das freie Ende der Stange wird erwärmt und die Schüler messen die Zeit, die vergeht, bis die jeweils nächste Wachskugel herunterfällt. Das Ergebnis tragen sie in eine Tabelle ein und diskutieren den Kurvenverlauf: Die Temperaturausbreitung (oder die Wanderung der „heißen" Temperatur) durch einen Leiter erfolgt nicht mit gleichbleibender Geschwindigkeit.

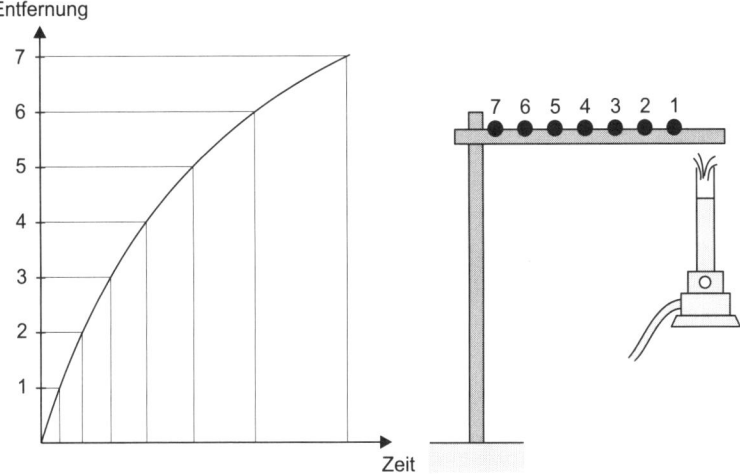

Eis im kochenden Wasser

Reagenzglas • *Wasser* • *Eisstückchen* • *kleines Massestückchen* • *Brenner* • *Stativmaterial* • *eventuell Reagenzglashalter* • *Kaliumpermanganat*

Mit diesem klassischen Handversuch demonstrieren Sie die (relativ) geringe Wärmeleitfähigkeit von Wasser. Sie füllen ein Reagenzglas etwa dreiviertel mit Wasser und drücken mit Hilfe eines kleinen passenden Gewichtes ein Stück Eis auf den Boden des Glases (Sie können auch

das Eisstückchen mit Draht umwickeln oder einen kleinen Nagel
durchstechen). Wenn Sie nun das
Reagenzglas im oberen Teil *vorsich-*
tig erhitzen, fängt das Wasser bald
zu kochen an, während das Eis
noch lange Zeit in festem Zustand
bleibt.

Das Wasser im unteren Teil des
Reagenzglases bleibt lange Zeit
kalt. Ein Grund dafür ist die geringe
Wärmeleitfähigkeit von Wasser. Sie beträgt 0,6 $\frac{W}{mK}$ und ist damit nur
halb so gut wie die Leitfähigkeit vom ebenfalls schlechten Wärmeleiter
Glas. Aber das ist nicht der einzige Grund, warum das Eis so lange
braucht, bis es schmilzt. Das Wasser dehnt sich bei der Wärmezufuhr
aus und zirkuliert nur im oberen Teil des Reagenzglases. Das können
Sie gut an sich bildenden Schlieren zeigen, wenn Sie ein winziges
Körnchen Kaliumpermanganat auf die Wasseroberfläche geben.

Haben Sie kein Eis zur Hand, zeigen
Sie die schlechte Wärmeleitfähigkeit
von Wasser auch so: Sie halten ein
mit Wasser gefülltes Reagenzglas am
unteren Ende mit der Hand fest,
während Sie das obere Ende in die
Gasflamme halten und das Wasser
zum Sieden bringen.

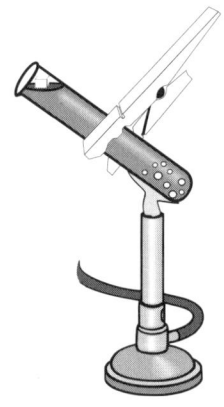

Was passiert mit einem Eisstückchen, das auf der Oberfläche
schwimmt, während Sie das Reagenzglas am unteren Ende erwärmen? Die Antwort ist einfach: Es
schmilzt – und zwar in sehr kurzer
Zeit. Dampfblasen steigen nach
oben und geben bei ihrer Konden-
sation ihre große Verdampfungswärme ab.

Der tanzende Wassertropfen

Herdplatte ● Pipette ● Wasser

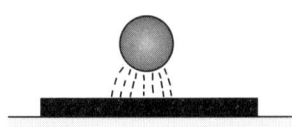

Sie lassen einen Wassertropfen aus einer Pipette auf die heiße Herdplatte fallen. Wenn die Temperatur der Herdplatte nur wenig über dem Siedepunkt von Wasser liegt, breitet sich der Tropfen aus und verdampft augenblicklich.

Ist die Herdplatte aber sehr heiß – vielleicht sogar rotglühend – schließt sich der Tropfen zu einer kleinen Kugel zusammen und tanzt längere Zeit umher, bevor er verdampft. Wie ist dieser Vorgang zu erklären?

Berührt der Tropfen die glühende Herdplatte, verdampft sofort der untere Teil des Tropfens. Der nach unten strömende Dampf treibt dann den Tropfen aus dem Berührungsfeld der Herdplatte und trägt ihn wie auf einem Kissen. Wasserdampf ist (wie jedes Glas) ein schlechter Wärmeleiter und deshalb wird dem Tropfen nur wenig Wärme zugeführt. Es vergehen ca. 2 Minuten, bis der Siedepunkt erreicht ist und der Tropfen selbst verdampft.

Taucht man eine auf Rotglut erhitzte Kugel aus Messing oder Kupfer in angewärmtes Wasser (Vorsicht: Schutzbrille, Glasscheibe!), tritt zunächst keine Verdampfung von Wasser auf. Um die Kugel herum bildet sich eine dünne Dampfhülle, die die glühende Kugel vom Wasser abschirmt. Man kann diese Schicht gut als glänzenden Schleier erkennen.

Erst wenn die Kugel so weit abgekühlt ist, daß das umgebende Wasser sie direkt berührt, tritt eine explosionsartige Verdampfung auf.

Tücher sind schlechte Wärmeleiter

Fünfmarkstück ● Stofftaschentuch (oder ähnliches) ●
Zigarette

Sie legen ein Stofftaschentuch über ein Fünfmarkstück und drücken eine glimmende Zigarette auf dem Stoff aus. Sie brauchen nicht befürchten, daß das Tuch durchbrennt – es bleibt nur ein kleiner Ascheeck zurück, der sich wieder entfernen läßt.

Das Fünfmarkstück hat einen hohen
Silberanteil und Silber leitet die Wärme sehr schnell von der Berührungs-
stelle der Zigarette weg. Die Entzündungstemperatur (genauer: die Seng-
temperatur) des Stoffes wird nicht
erreicht. Lediglich die Münze
wird ein wenig erwärmt.

Sicherheitslampe

Drahtnetz aus Kupfer (eventuell enges Küchensieb) •
Bunsenbrenner oder Kerzenflamme

Sie halten ein feinmaschiges Drahtnetz aus Kupfer über die Flamme
eines Bunsenbrenners und senken
es langsam ab. Dabei wird die Flamme regelrecht „zusammengedrückt".
Obwohl das brennbare Gas durch
die Netzmaschen dringt, entzündet
es sich nicht oberhalb des Netzes.
Das Netz aus Kupfer leitet soviel von
der Wärme ab, daß die Temperatur
über dem Netz unterhalb der Entzündungstemperatur des Gases
bleibt.

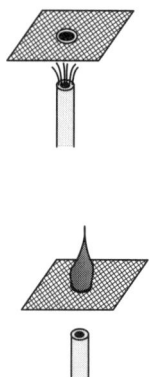

In einem zweiten Versuch halten Sie das Netz etwa 10 cm über den
Bunsenbrenner. Sie öffnen den Gashahn und entzünden das Gas *über*
dem Netz. Die Flamme brennt (aus dem gleichen Grund wie im ersten
Versuch) nur oberhalb des Netzes. Nur bei sehr hoher Temperatur kann
sie nach unten durchschlagen.

Auf diesem Prinzip beruht die sogenannte „Davysche Sicherheitslampe"
des Bergmannes, die die Anwesenheit von gefährlichem Grubengas

anzeigt. Ein feinmaschiges Drahtnetz umgibt die mit Benzin gespeiste Flamme und verhindert, daß sich eventuell im Schacht vorhandene Gase entzünden. Beim Vorhandensein von Grubengas kann es dagegen von außen durch das Drahtnetz dringen und im Inneren der Lampe brennen. Die veränderte Flammenfärbung zeigt dem Bergmann die Gefahr an.

Kupferspirale

Kerze • Spirale aus dickem Kupferdraht

Sie halten eine Spirale aus dickem Kupferdraht in eine Kerzenflamme. Die Flamme erlischt. Was ist der Grund?

Die Kupferspirale entzieht der Flamme Wärme. Wird bei brennenden Stoffen die Temperatur unter die Entzündungstemperatur gesenkt, indem zum Beispiel die Wärme abgeleitet wird, hört die Verbrennung auf.

Kerzenflamme unter der Wasseroberfläche

Kerzenstummel • Schüssel • Wasser

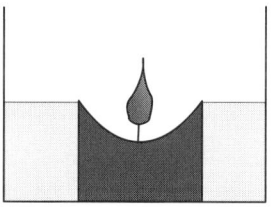

Ja, das ist möglich. Sie kleben einen möglichst dicken Kerzenstummel auf den Boden einer Schale und füllen Wasser bis knapp unter den Kerzenrand. Die Kerze soll möglichst erschütterungsfrei und mit ungestörter Flamme abbrennen.

Zuerst brennt die Kerze gleichmäßig bis zum Rand des Wasserspiegels ab. Dann höhlt die Flamme die Kerzenoberfläche zu einem Trichter aus, der immer tiefer ins Wasser ragt, bis der Anfang der Flamme weit unter dem Wasserspiegel liegt.

Eine hauchdünne Schicht aus Kerzenwachs (oder Stearin) bleibt als feste Wand ringsum erhalten und verhindert, daß Wasser an den Docht gelangt und die Kerze auslöscht. Die Kerze gibt einen Großteil der Wärme an das Wasser ab und sorgt so dafür, daß ihre äußere Schicht nicht die Schmelztemperatur erreicht. Aber irgendwann ist dann doch der Wasserdruck größer als die Festigkeit der Stearinwand: Das Wasser dringt in den Trichter ein und löscht die Flamme.

Hinweis: Dieser Handversuch verlangt von Ihnen und den Schülern (oder Zuschauern) viel Geduld. Sehr lehrreich ist es, wenn Sie als Parallelversuch eine zweite, gleich dicke Kerze *ohne* Wasser brennen lassen und das unterschiedliche Verhalten beobachten.

Ein Kochtopf aus Pappe

Pappbecher ● Stativmaterial ● Eisenring ● Brenner ● Blechdose ● Papier

a) Sie füllen einen Pappbecher zur Hälfte mit Wasser und hängen ihn in den Stativring. Von unten erwärmen Sie jetzt den Becher mit einer nicht zu starken Gasflamme. Nach einiger Zeit siedet das Wasser – und der Becher ist noch nicht einmal angesengt.

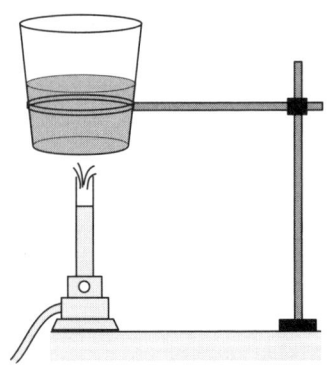

Sie können auch aus starkem Transparent- oder Pergamentpapier selbst einen trichterförmigen Becher basteln. Auch das Papier fängt nicht an zu brennen, obwohl so viel Wärme zugeführt wird, daß das Wasser siedet.

Das Wasser entzieht die auf die Pappe übertragene Wärme und beginnt bei 100° C zu kochen. Eine höhere Temperatur erreicht das Wasser nicht (solange es nicht vollständig in Dampf umgewandelt ist) – folglich erreicht auch die Pappe nicht die nötige Verbrennungstemperatur

b) Auch dieser Handversuch ist sehr effektvoll: Sie umwickeln den Mantel einer Blechdose sehr eng mit Papier (einlagig!) und kleben den

Rand fest. Wenn Sie jetzt die Dose über eine Kerzenflamme halten, dauert es ziemlich lange, bis das Papier zu brennen anfängt.

Isolierglasscheibe oder Doppelfenster

Zwei gleich große Einmachgläser ● heißes Wasser ●
4 gleich dicke Glasplatten ● Gummiring ● Butter

Sie füllen zwei gleich große Einmachgläser mit heißem Wasser gleicher Temperatur. Auf beide legen Sie zwei gleichdicke Glasplatten. Zwischen die beiden Glasplatten auf dem zweiten Einmachglas legen Sie einen Gummiring und simulieren auf diese Weise eine Isolierglasscheibe.

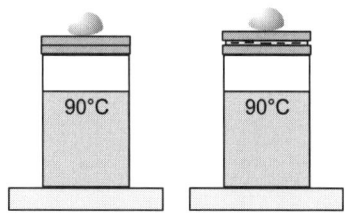

Nun legen Sie auf beide Glasplatten ein kleines Stück feste Butter. Auf welchem Glas schmilzt die Butter eher?

Die zusätzliche Luftschicht zwischen den beiden Glasplatten ist ein schlechter Wärmeleiter. Die Butter auf dem zweiten Einmachglas bleibt länger fest.

Wärmeströmung

Brennende Kerze ● beheizter Raum

a) Sie öffnen die Tür eines geheizten Zimmers einen Spalt weit und halten eine brennende Kerze oben und unten an den Türspalt.

Die warme Luft befindet sich im oberen Teil des Zimmers und hat das Bestreben, sich auszudehnen. Unter der Zimmerdecke entsteht ein kleiner Überdruck, der beim Öffnen der Tür sofort einen Ausgleich findet. Die warme Luft strömt nach außen und nimmt die Kerzenflamme mit – aus dem Zimmer heraus.

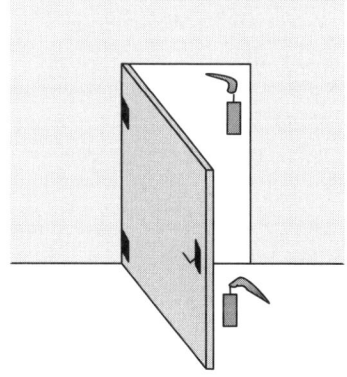

Unten am Türspalt ist es umgekehrt. Die nach oben gestiegene Warmluft sorgt am Boden für einen (geringen) luftverdünnten Raum. In diesen strömt beim Öffnen der Tür die Außenluft und nimmt die Kerzenflamme mit – ins Zimmer hinein.

b) Warum ist eine Kerzenflamme „stets"* nach oben gerichtet, auch wenn man die Kerze nach unten neigt?

Die heißen Verbrennungsgase der Kerze haben eine kleinere Dichte als die umgebende kältere Luft und steigen nach oben (siehe „Archimedisches Prinzip"). Sie hinterlassen einen luftverdünnten Raum, in den sofort kalte, frische, sauerstoffreiche Luft nachströmt.

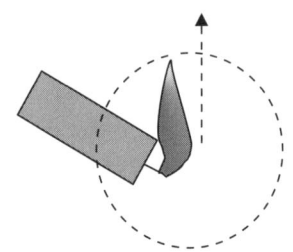

Weihnachtspyramide

Pappe ● Stricknadel oder Fahrradspeiche ● Korken ● heiße Herdplatte

Die Schüler zeichnen eine Spirale auf festes Papier und schneiden die Spirale aus. Hält man die Pyramide so über eine Wärmequelle, wie es die Abbildung zeigt, fängt sie alsbald an sich zu drehen.

Die warme Luft steigt nach oben (Erklärung siehe vorhergehenden Versuch). Voraussetzung für den direkten Transport von Energie ist die leichte Beweglichkeit des Trägers – hier Luft. Deshalb findet Wärmeströmung lediglich in flüssigen und gasförmigen Stoffen statt, während sie in festen Körpern nicht möglich ist.

---

* Unter Schwerelosigkeit verlöschen Kerzenflammen (siehe S. 93 „Die fallende Kerze"). Deshalb gilt die Einschränkung für diesen Handversuch: g ≠ 0.

Die Luftmoleküle übertragen ihren Bewegungsimpuls auf die schräggestellten Spiralarme. Eine Komponente der resultierenden Kraft setzt die
Spirale in Drehbewegung.

Ruß steigt auf

*Tempotaschentuch • Seidenpapier • Blech • Brenner •
Stativmaterial (Dreibein)*

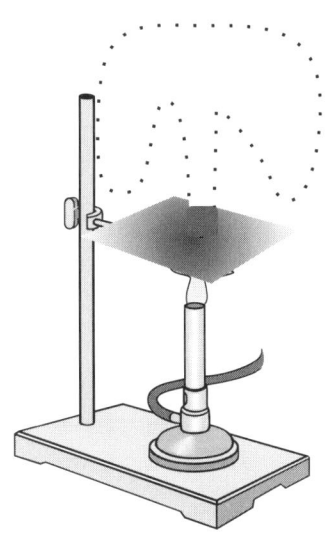

a) Sie verbrennen etwas Zeitungspapier oder ein Tempotaschentuch
und zerreiben den Rückstand. Dann
erwärmen Sie ein Stück festes Blech
auf Rotglut und streuen aus ca.
30 cm Entfernung die Aschereste auf
die Platte. Die Asche wird im warmen aufsteigenden Luftstrom mitgerissen und „regnet" nach einer Weile
wieder herunter.

b) Sie rollen leichtes, dünnes Seidenpapier zu einer kleinen Rolle zusammen, verdrillen es oben und stellen sie auf eine feuerfeste Unterlage.
Dann zünden Sie den oberen Rand
an. Die Rolle brennt von oben nach
unten langsam ab. Wenn der Flammenring die Unterlage fast erreicht
hat, steigt der brennende Rest langsam bis zur Zimmerdecke, verlöscht
dort und gleitet wieder nach unten. Die Luft in der Umgebung der
brennenden Rolle erwärmt sich, steigt nach oben und nimmt die
leichten Papierreste mit.

GE: Isolierung

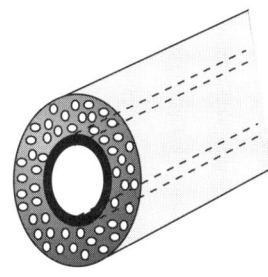

Warum werden freiliegende Hei-
zungsrohre mit Mineralwolle oder
ähnlichem Material verkleidet? Die
Antwort liegt auf der Hand: Man will
Wärmeverluste vermeiden.

Aber die Luft ist doch ein sehr schlechter Wärmeleiter – also ein guter Isolator? Ein besserer jedenfalls als die Mineralwolle. Wo liegt die Erklärung für diesen Widerspruch?

Die Rohrwände aus Metall leiten die Wärme sehr schnell an die Oberfläche. Und dort geht ein großer Teil der Wärme durch Luftströmung verloren. Die Wärmeleitung spielt an der Grenzschicht zur Luft nur eine unbedeutende Rolle. Umwickelt man die Rohre mit Mineralwolle, vermindert sich der Wärmeverlust durch die geringere „Grenzwärmeströmung", weil Mineralwolle ein schlechterer Wärmeleiter als Metall ist. Jetzt spielt wieder die Wärmeleitung eine Rolle!

Wärmestrahlung

a) Stahlblech • Stativmaterial • Bunsenbrenner

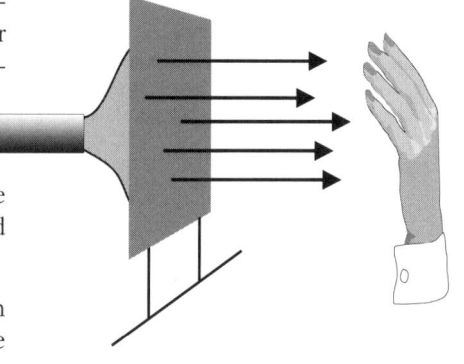

Mit einer kräftigen Brennerflamme erwärmen Sie von der Seite her ein größeres Stahlblech auf Rotglut. Man fühlt die Wärmestrahlung, wenn man die Handfläche neben die Platte hält. Die Rückseite der Hand bleibt kalt.

Eine Kerze, die Sie in den Strahlengang neben die Platte stellen, brennt mit ruhiger Flamme – ein Beweis dafür, daß keine Luftströmung stattfindet. Das warme Blech sendet Wärmestrahlen aus.

Wenn man zwischen der warmen Blechplatte und der Hand einen Kartonbogen hält, ist die Wärmeübertragung sofort unterbrochen und die Hand kühlt merklich ab.

b) 2 Bechergläser • 2 gleiche Thermometer • kaltes Wasser • Milch • schwarze Tinte • eventuell Infrarotlampe als Wärmequelle

Wenn die Sonne scheint, können Sie diesen Handversuch vorführen oder Sie benutzen als Wärmequelle eine Infrarotlampe): Sie stellen zwei gleichgroße Bechergläser in die Sonnenstrahlen. Das eine Glas ist mit Wasser gefüllt, das durch einige Tropfen Milch weiß gefärbt wurde, das andere ist mit etwas schwarzer Tinte dunkel gefärbt. In beiden Gläsern hängt ein Thermometer.

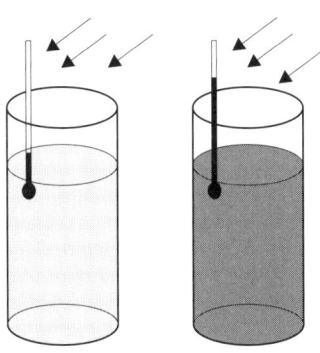

Zunächst haben beide Flüssigkeiten die gleiche Temperatur. Nach einiger Zeit wird die dunkle Flüssigkeit deutlich wärmer als die helle – sie hat mehr Strahlungsenergie aufgenommen.

c) Brennglas • Brennspiegel • Streichholz • Seidenpapier

Sie halten ein Brennglas in die Sonne und ein Stück Papier in den Brennpunkt der Strahlen. Das Papier fängt an zu glimmen und bald danach verbrennt es. Noch schneller entzündet sich ein Streichholzkopf.

d) Glühlampe

Sie halten Ihre Hand dicht an eine *durchsichtige* 100-W-Glühlampe, ohne sie zu berühren. Wenn Sie jetzt das Licht einschalten, spüren Sie sofort die starke Wärmestrahlung, die von der Lampe ausgeht. Nach etwa einer Sekunde berühren Sie den Glaskolben der Glühlampe. Der Glaskolben ist noch kalt. Die Wärmestrahlung verhält sich wie die Lichtstrahlung: Der größte Teil wird von Glas und Luft durchgelassen. Erst nach einiger Zeit erwärmt sich (durch Wärmeleitung und Wärmeströmung) die Gasfüllung der Glühlampe und danach erst der Glaskolben.

Wirkung der Verspiegelung

2 Konservendosen • *schwarze Farbe* • *Silberbronze* • *heißes Wasser oder Öl* • *2 Pappscheiben* • *2 gleiche Thermometer*

Sie färben den Mantel einer Konservendose mit Plakafarbe tiefschwarz, eine andere streichen Sie mit Silberbronze oder heller Zinkfarbe. Sie können diese Dose auch mit Alufolie umwickeln, die mit Gummibändern befestigt wird. Beide Dosen werden nun mit heißem Wasser (oder besser noch mit heißem Öl von ca. 150° C) gefüllt. Sie bedecken beide Dosen mit einer Pappscheibe, in der ein Thermometer steckt.

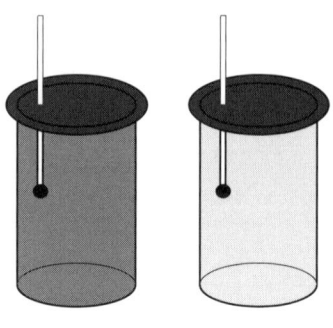

Nun lesen die Schüler in gleichen Zeitabständen die Temperatur ab und tragen diese in eine vorbereitete Tabelle ein. Später übertragen sie die Ergebnisse in ein Temperatur-Zeit-Diagramm.

Welches Gefäß hat sich schneller abgekühlt? Natürlich das schwarz gefärbte. Gegenstände mit dunkler, rauher Oberfläche geben mehr Energie in Form von Strahlung nach außen ab (verlieren also mehr Wärmeenergie) als Gegenstände mit heller, glatter Oberfläche.

GE: Heller oder dunkler Heizkörper

Einige „Fachleute" behaupten, Heizkörper sollten dunkle Farben haben, da sie dann mehr Wärme abgeben. Das ist nur zum Teil richtig, denn bei den geringen Oberflächentemperaturen von etwa 50° C überwiegen Wärmeströmung und Wärmeleitung, und da spielt es keine Rolle, ob die Oberfläche weiß oder schwarz ist.

Ein Ofen dagegen mit seiner hohen Oberflächentemperatur sollte schwarz sein, da hier die Wärmestrahlung überwiegt.

GE: Teelöffel sorgt für Sicherheit

Sie haben die Befürchtung, daß eine Tasse oder ein Glas zerspringt, wenn Sie kochendheißes Wasser einfüllen. Kann ein Teelöffel, den Sie vorher ins Glas stellen, das Zerspringen verhindern?

Ja, sehr gut sogar. Wenn Sie heißes Wasser in das Glas gießen, dehnt sich zuerst die innere Glasschicht aus. Da Glas ein schlechter Wärmeleiter ist, bleibt die äußere Schicht noch relativ lange kalt. Die innere Schicht übt einen starken Druck auf die kalte äußere Schicht aus und kann sie zum Platzen bringen, denn Glas (oder Porzellan) ist zudem noch sehr spröde.

Stellt man jedoch einen Metallöffel in das Glas, gibt das heiße Wasser sehr schnell einen Teil der Wärme an ihn ab. Die Wassertemperatur fällt und da sich das Glas inzwischen allseitig erwärmt hat, ist das Zerplatzen unwahrscheinlich geworden. Am besten eignen sich Löffel aus Silber, da dieses Metall eine große spezifische Wärmeleitfähigkeit hat: $407 \, \frac{W}{mK}$. Sie ist ca. achtmal größer als die von unlegiertem Stahl. Je dünner das Glas ist, desto geringer ist auch die Gefahr des Zerspringens.

Platzender Stein

Kühlfach oder Tiefkühltruhe ● Feuerstein ● kochendes Wasser

Sie nehmen einen Feuerstein aus der Tiefkühltruhe und übergießen ihn mit kochendem Wasser (Vorsicht: Schutzbrille, Schutzscheibe!). Mit einem lauten Knall zerplatzt er. Die Sprengwirkung beruht auf der Tatsache, daß die äußeren Schichten sich schneller ausdehnen als das Innere des Steines. Es treten starke Druckspannungen auf, die größer sind als die (inneren) Zusammenhangskräfte des Steines.

GE: Energiebetrachtung zweier Kugeln

Sie betrachten zwei genau gleiche
Kugeln, die auch die exakt gleiche
Temperatur haben: Die eine liegt auf
dem Tisch, die andere ist an einem
Draht aufgehängt. Beiden Kugeln
wird der gleiche Betrag an Wärmeenergie zugeführt, wobei vereinfacht angenommen wird, daß kein
Wärmeaustausch mit der Umgebung
stattfindet.

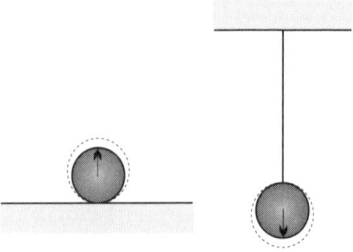

Frage: Haben beide Kugeln am Ende der Wärmezufuhr dieselbe Temperatur? Ich kann jetzt schon die Antwort vorwegnehmen: Nein, die
aufgehängte Kugel hat eine höhere Temperatur. Warum?

Beide Kugeln dehnen sich bei gleicher Wärmezufuhr um den gleichen
Betrag aus. Der Schwerpunkt der Kugel auf dem Tisch verlagert sich
(geringfügig) gegen die Schwerkraft nach oben, so daß sich ein Teil der
Wärmezufuhr in äußere Arbeit verwandelt. Dieser Energieanteil muß
von der zugeführten Wärmemenge in Abzug gebracht werden, was sich
in einer (geringfügig) kleineren Temperatur auswirkt.

Demgegenüber verlagert sich der Schwerpunkt der aufgehängten Kugel
nach unten, was durch Freisetzung der potentiellen Energie mit einer
Temperatursteigerung verbunden ist. Endergebnis: Die hängende Kugel
ist ein wenig wärmer als die liegende.

Erster Hauptsatz der Wärmelehre

*Metallbecher • eventuell dickwandiges Reagenzglas •
Korken • Reagenzglashalter • Wasser • Dreibein •
Brenner*

a) „Wärme" verrichtet Arbeit

Sie füllen in einen zylindrischen Becher aus Metall (eventuell dickwandiges Reagenzglas) etwas Wasser und verschließen ihn leicht mit einem
Korken. Mit einer Flamme erwärmen Sie den Becher, bis das Wasser
kocht. Jetzt dauert es nicht mehr lange, und der Dampf schleudert den
Korken mit einem lauten Knall heraus.

Der unter Druck stehende Wasserdampf übt auf den Korken eine Kraft
aus. Ist diese Kraft größer als die
Reibungskraft zwischen Korken und
Wand, setzt sich der Korken in Bewegung.

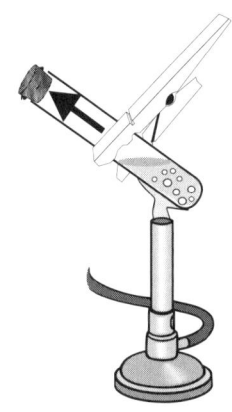

b) GE: „Reibung" verrichtet Arbeit

Den gleichen Metallbecher spannen
Sie in das Futter einer Drehbank und
setzen ihn in eine schnelle Drehbewegung. Zwei kräftige Backen einer
Holzzange umschließen den Zylin-
dermantel und bremsen die Bewegung ab. Der Motor muß den Reibungswiderstand überwinden – er verrichtet Arbeit. Nach kurzer Zeit
fängt auch hier das Wasser an zu kochen und der Dampf treibt den
Korken heraus.

Die innere Energie eines Körpers kann *sowohl* durch Zufuhr von Wärme
als auch durch Zufuhr von Arbeit erhöht werden.

Modellversuch: Arbeit an den Gasteilchen

Tischtennisball ● *dünne Schnur* ● *Deckenhaken* ● *2 Platten*

Ein Tischtennisball soll in diesem
Handversuch ein einzelnes Gasteilchen darstellen und die beiden Platten rechts und links eine „heiße
Wand". Der Ball hängt an einem
langen dünnen Faden und pendelt
fast horizontal zwischen den Platten
hin und her. Er „besitzt" eine bestimmte mittlere Bewegungsenergie.

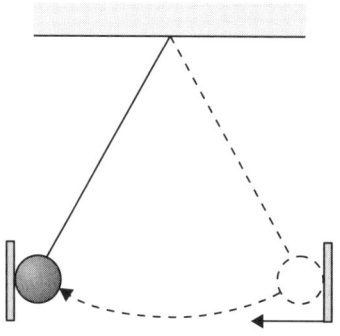

Zuerst lassen Sie den Ball so pendeln, daß er jedesmal an die linke
und rechte Platte anstößt. Nun sto-
ßen Sie eine Platte gegen den ankommenden Ball. Damit verrichten Sie
Beschleunigungsarbeit an dem „Gasteilchen". Die Ballgeschwindigkeit
steigt schnell an – und damit auch seine Bewegungsenergie.

Übertragen auf sehr viele „Gasteilchen" führt die verrichtete Beschleunigungsarbeit zu einer Erhöhung der inneren Energie, die sich wiederum in einer höheren Temperatur äußert.

Handversuch: Arbeit an den Gasteilchen

Fahrradluftpumpe ● *kleiner Gummistopfen*

Sie halten eine Fahrradluftpumpe senkrecht auf den Tisch und stoßen den Kolben etwa 20mal kräftig nach unten. Vorher haben Sie mit einem kleinen Gummistopfen die Ventilöffnung gut verschlossen, so daß die Luft nicht aus der Pumpe entweichen kann.

Die Pumpe hat sich stark erwärmt. Bei jedem Stoß haben Sie mit Ihrer Muskelkraft den Pumpenkolben einen bestimmten Weg zurücklegen lassen. An der Luft wurde mechanische Arbeit verrichtet, die (gemeinsam mit der Reibung zwischen Kolben und Pumpenwand) zu einer Temperaturerhöhung führte. Die mittlere Bewegungsenergie der Luftteilchen hat sich erhöht.

GE: Reifen aufpumpen

Sie pumpen einen Fahrradschlauch mit der Luftpumpe auf. Dabei stellen Sie fest, daß das Ventil sehr heiß wird. Liegt das an der Reibung, wenn die Luft durch das enge Ventil gepreßt wird? Warum erwärmt sich das Ventil nicht, wenn Sie den Schlauch an der Tankstelle mit Preßluft aufpumpen?

In der Luftpumpe wird die Luft adiabatisch zusammengepreßt. Adiabatisch bedeutet, daß keine (oder eine nur geringe) Wärmeübertragung nach außen erfolgt. Dabei nimmt die innere Energie der Luft zu und damit steigt auch die Temperatur. Die heiße Luft erhitzt das Ventil.

Auch die Druckluft in dem Druckluftbehälter an der Tankstelle hat sich beim Komprimieren adiabatisch erhitzt. Aber durch die längere Lagerung ist sie auf Raumtemperatur abgekühlt. Die nunmehr kalte Luft kann das Ventil nicht mehr erwärmen.

Fordern Sie Ihre Schüler auf, diese Tatsache durch eigene Experimente zu überprüfen.

Nebel über der Sprudelflasche

Gefüllte Sprudelflasche

Sie öffnen eine gekühlte Sprudelflasche (oder Sektflasche). Sie hören ein kurzes Zischen, und dann bildet sich eine kleine Nebelwolke über der Flaschenöffnung. Woher kommt dieser Nebel?

In der Sprudelflasche ist Kohlendioxid (CO_2) gelöst. Dieses Gas steht unter Druck, denn nur dann kann die Flüssigkeit eine ausreichende Gasmenge lösen. Sobald Sie die Flasche öffnen, dehnt sich das Gas über der Flüssigkeitsoberfläche adiabatisch aus. Dabei leistet die Gasmenge eine Ausdehnungsarbeit gegen den äußeren Luftdruck. Die Energie für diese Arbeit entnimmt das Gas aus seiner inneren Energie. Das Gas kühlt dabei ab. Eine geringe Menge Wasserdampf, die bei der Ausdehnung mitgerissen wird, kondensiert in der kühlen Umgebung und bildet Nebel.
Sie können den Versuch wiederholen, indem Sie die Flasche verschließen, einmal umdrehen und danach wieder öffnen.

Nebel in der Flasche

Glaskolben • durchbohrter Gummistopfen • Glasrohr mit Hahn • Streichholz • Wasser

In einem großen, sauberen Glaskolben mit Gummistopfen, Glasrohr und Hahn füllen Sie etwas Wasser. Mit einem brennenden Streichholz leiten Sie *wenig* Rauch in die Flasche. Jetzt blasen Sie kräftig durch das Glasrohr in die Flasche hinein und schließen den Hahn.
Wenn Sie den Hahn nach einer kurzen Zeit öffnen, dehnt sich die zusammengedrückte Luft plötzlich aus. Dabei kühlt sie ab, und der in ihr enthaltene Wasserdampf kondensiert – wenn der Sättigungspunkt über- beziehungsweise unterschritten ist. An den Kondensationskernen des Rauches bilden sich Nebeltröpfchen.

GE: Schlittenkufen

Warum gleiten Schlitten mit Holz- oder Kunststoffkufen besser auf dem Schnee als Metallkufen?

Wenn die Schneetemperatur nahe dem Schmelzpunkt liegt, läßt die Reibung der Kufen zunächst eine dünne Schneeschicht schmelzen. Die dünne Wasserschicht wird nun durch die gleitenden Kufen auf

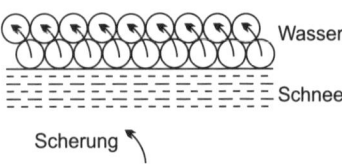

Scherung beansprucht. Die dadurch entstehende Wärme wandelt fortlaufend neuen Schnee in Wasser um und ermöglicht das Gleiten.

Am Beginn des Gleitens spielt es keine Rolle, aus welchem Material die Kufen sind. Wenn aber die anfängliche Reibung genug Wärme erzeugt hat und das Scheren einsetzt, ist die gute Wärmeleitfähigkeit von Metall als Kufenmaterial von Nachteil. Die Wärme wird zu schnell abgeführt, als daß sie noch eine ausreichend dicke Wasserschicht erzeugen kann. Feste Reibung setzt wieder ein – und die bremst das Gleiten.

GE: Schlittschuh- und Skilaufen

Gibt es beim Gleiten an der Grenzschicht zwischen den Schlittschuh- und Skikufen physikalische Unterschiede?

Ja und nein. Ski und Schlittschuhe gleiten auf einer dünnen Wasserschicht. Während sich auf Schnee die Wasserschicht durch die anfängliche *Reibung* bildet, entsteht sie unter der Schlittschuhkufe durch den hohen *Druck,* der punktuell bis auf 500 bar ansteigen kann. Der Skifahrer ist nicht auf das Schmelzen durch Druck angewiesen – dafür ist die Berührungsfläche zu groß und damit der Druck zu klein.
Sinkt die Temperatur unter –10° C, kann das Eis unter dem Druck der Kufe nicht mehr schmelzen. Jetzt sorgt die Reibungswärme für den dünnen Wasserfilm.

GE: Schneebälle

Was hält einen Schneeball zusammen? Warum kann man mit sehr kaltem Schnee keine Schneebälle mehr formen?

In der Handwärme schmilzt die Schneeoberfläche. Ein leichter Druck kommt noch hinzu und formt den Ball zu einer Kugel. Danach gefriert die Oberfläche zu einer dünnen Haut, die die neue Form zusammenhält. Ist der Schnee sehr kalt, bildet sich keine zusammenhängende Eishaut – sie platzt an vielen Stellen auf.

GE: Glatteis und Sand

Um nicht auszurutschen, streut man Sand auf das Eis. Erhöht sich durch den Sand die Reibungszahl? Unter −20° C verliert auch das Sandstreuen seine Wirkung. Warum?

Sand auf der Eisoberfläche ist noch kein Schutz gegen Ausrutschen. Die kleinen Sandkörner müssen erst durch eine äußere Kraft in die Eisoberfläche gedrückt werden. Durch den auftretenden Druck schmilzt das Eis, gefriert wieder und schließt die Sandkörner ein. Erst jetzt vergrößert der Sand die Reibungszahl und kann das Ausrutschen verhindern. Bei zu kaltem Eis reicht aber der Druck nicht mehr aus, das Eis zum Schmelzen zu bringen.

Schmelzwärme von Eis

Wärmeisoliertes Gefäß • eventuell große Thermoskanne • Waage • Schnee von ca. 0° C (eventuell Eis) • heißes Wasser • Thermometer

Sie mischen in einem wärmeisolierten Gefäß 1 l[*] (≈ 1 kg) Wasser von 0° C (Eiswasser) mit 1 kg Wasser von 80° C und erhalten 2 kg Wasser von 40° C. Mischen Sie aber 1 kg Schnee von 0° C (falls vorhanden, sonst Eis) mit 1 kg Wasser von 80° C und messen nach dem Schmelzen des Schnees die Temperatur des Mischwassers, so stellen die Schüler (erstaunt) fest, daß dieses eine Temperatur von 0° C hat. Zum Schmelzen von 1 kg Eis (von 0° C) wird eine Wärmemenge von 336 kJ (früher: 80 kcal) benötigt.

---

[*]   Oder eine entsprechend kleinere Menge.

GE: Eis kann „wärmen"

Manche Winzer sprühen bei Frostgefahr ihre Weinreben mit Wasser ein. Werden dadurch die Weinreben vor dem Frost geschützt? Die Pflanzen vereisen doch an ihrer Oberfläche?

Das Beregnen der Weinreben ist ein wirksamer Schutz vor dem Einfrieren. Die Pflanzen vereisen zwar von außen, aber beim Erstarren des Wassers wird Energie frei! Es ist die Erstarrungswärme (oder Schmelzwärme $Q_{Wasser} = 336 \frac{kJ}{kg}$), die die Umgebung aufnimmt und verhindert, daß die Zellsäfte unter 0° C abkühlen.

Der gleiche Energiebetrag, der zum Schmelzen einer Eismasse erforderlich ist, ist als Erstarrungswärme im Wasser gespeichert. Beim Zusammenlagern der Wassermoleküle – also der Eisbildung – wird dieser Energiebetrag an die Umgebung zurückgegeben.

In 1 kg Wasser von 0° C ist eine um 336 kJ größere Energiemenge gespeichert als in 1 kg Eis von 0° C.

GE: Mildes Klima

Warum haben wasserreiche Landschaften einen ausgeglichenen Temperaturverlauf?

Beim Gefrieren der Gewässer im Winter wird die Erstarrungswärme frei, und diese verlangsamt die weitere Abkühlung des Wassers. Der gleiche Betrag an Schmelzwärme muß aber wieder aufgebracht werden, um das Eis zu schmelzen. Das verzögert in gleichem Maße die Wiedererwärmung.

Abtauen von Gefrierschränken

Tiefkühltruhe oder Kühlschrank ● großer Topf ●
Tauchsieder

Warum soll man Kühl- und Gefrierschränke von Zeit zu Zeit abtauen? Und warum soll man einen großen Topf mit siedendem Wasser in den Schrank stellen?

Kühl- und Gefrierschränke sollten hin und wieder abgetaut werden, weil sich an den Wänden Eis bildet. Eis ist im Vergleich zu Luft ein relativ guter Wärmeleiter* beziehungsweise „Kälteleiter", so daß viel „Kälte" verlorengeht und damit die Kühlleistung herabgesetzt wird. Das Abtauen sollte aber möglichst schnell geschehen, damit das ausgelagerte Gefriergut nicht zu warm wird. Zu diesem Zweck stellt man einen Topf mit heißem Wasser in den Gefrierschrank. Günstig ist, durch einen Tauchsieder das Wasser auf Siedetemperatur zu halten. Der aus dem Topf aufsteigende Dampf kondensiert an den vereisten Wänden und gibt die Kondensationswärme ab. Das Abtauen wird dadurch noch einmal beschleunigt.

GE: Anomalie des Wassers

Warum frieren Seen, die tiefer sind als 2 m, nicht völlig zu?

Wenn im Herbst das Wasser an der Oberfläche eines Sees auf 4° C abkühlt, sinkt das kalte Wasser auf den Grund des Sees. Es entsteht eine Wasserströmung, die solange anhält, bis das Wasser des ganzen Sees +4° C erreicht hat. Das an der Oberfläche weiter abkühlende Wasser ist aber weniger dicht (und somit leichter) und sinkt nicht auf den Seegrund. Während also am Grund des Sees eine Temperatur von +4° C herrscht, bei der die Fische nicht erfrieren, kühlt das Wasser an der Oberfläche weiter ab und gefriert schließlich.

Weitere Abkühlung am Grund des Sees ist nun nur noch durch Wärmeleitung möglich. Da aber Wasser und Eis (relativ) schlechte Wärmeleiter sind (Wasser: 0,06 $\frac{W}{mK}$, Eis: 2,3 $\frac{W}{mK}$), reicht in unseren Breiten die kurze Zeit des Winters nicht aus, um einen nur 2 m tiefen See bis zum Grund gefrieren zu lassen.
Tiefe Seen und die Weltmeere haben das ganze Jahr über am Grund eine Temperatur von + 4° C.

Volumenvergrößerung beim Erstarren

Wasser ist ein Stoff, der beim Erstarren sein Volumen vergrößert. Bei den meisten anderen Stoffen verringert sich beim Übergang vom flüssigen in den festen Zustand das Volumen, die Dichte vergrößert sich und der feste Stoff sinkt in seiner eigenen Schmelze nach unten.

---

* Die Wärmeleitfähigkeit von Eis beträgt 2,3 $\frac{W}{mK}$, von Luft 0,026 $\frac{W}{mK}$.

a) Stearinflocken • weites Reagenzglas • Wanne • warmes Wasser

Sie geben Stearinflocken in ein weites Reagenzglas und lassen es im Wasserbad schmelzen. Dann legen Sie vorsichtig ein Stück festes Stearin auf die Schmelze. Es sinkt nach unten.

b) Eisstückchen • Reagenzglas • Wasser

Ein Stück Eis schwimmt auf der Wasseroberfläche. Gefrierendes Wasser verringert seine Dichte auf 0,91 $\frac{g}{cm^3}$ – deshalb schwimmt ein Eiswürfel (oder ein Eisberg) im Wasser. Etwa 11 % seines Volumens liegt dabei über dem Wasser.

c) Kühlschrank mit Gefrierfach • kleine Flasche • Wasser

Die Ausdehnung beim Gefrieren kann man schön zeigen, wenn man eine kleine Medizinflasche oder ein Tintenfaß randvoll mit Wasser füllt und in das Kältefach eines Kühlschrankes stellt. Nach kurzer Zeit ist das Wasser gefroren und die 11prozentige Volumenvergrößerung zeigt sich an dem herausragenden „Eisstöpsel".

Sie können auch eine vollgefüllte Flasche verschließen und gefrieren lassen. Unterhalb von 4° C braucht das abkühlende Wasser mehr Platz und übt einen zunehmenden Druck auf die Flaschenwand aus. Erst wenn das Volumen zunehmen kann, wird das Wasser zu Eis – also erst, wenn die Flasche platzt oder geöffnet wird.

Durchschnittenes Eis

Auflagerklötze • Eisblock ca. 4 x 4 x 10 cm • dünner Stahldraht • Kilogramm-Gewicht

Der Schmelzpunkt von Stoffen, die sich beim Erstarren ausdehnen, sinkt mit zunehmendem Druck. Oder anders ausgedrückt: Stoffe, die sich beim Übergang in den flüssigen Zustand zusammenziehen, schmelzen unter Druck schon früher. Bei Eis erniedrigt sich der Schmelzpunkt um 0,008° C bei einer Druckerhöhung um 1 bar.

Sie legen einen tiefgefrorenen Eisblock (Tiefkühltruhe!) auf zwei Stützen. Dann hängen Sie ein Gewicht an eine dünne Stahldrahtschlinge (Drähtchen aus einem Bowdenzug) und legen die Schlinge so um den Eisblock, wie es die Skizze zeigt. Wo der Draht aufliegt, bildet sich unter dem hohen Druck Schmelzwasser und der Draht sinkt immer tiefer in den Eisblock hinein.

Über dem Draht gefriert das Schmelzwasser sofort wieder, so daß der Eisblock nach dem Durchsinken des Drahtes unversehrt ist.

Lösungswärme, Kältemischungen

Streichholz • *Bindfaden* • *Schüssel* • *Eiswürfel* • *Kochsalz*

Kann man mit einem Streichholz einen Eiswürfel aus einer Schüssel mit Wasser angeln?

Sie legen ein an einem dünnen Bindfaden befestigtes angefeuchtetes Streichholz auf den Eiswürfel und streuen etwas Salz darüber. Es geschieht etwas Merkwürdiges: Innerhalb einer halben Minute ist das Streichholz festgefroren! Nun können Sie den Eiswürfel am Streichholz aus dem Wasser heben.

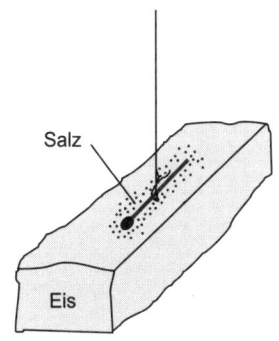

Sie haben eine Kältemischung aus Eis und Salz hergestellt. Wenn Salz mit Wasser in Berührung kommt, löst es sich auf. Die elektrisch geladenen Wassermoleküle sind in der Lage, die Salzteilchen aus ihrem festen Kristallverband herauszulösen. Das Wasser verliert diese Lösungsenergie und kühlt ab. Gleichzeitig sinkt aber der Schmelzpunkt der Salzlösung je nach Menge der Salzzugabe bis auf −21° C. Ein Teil des

Eises wird zu Wasser und entzieht der Umgebung die notwendige Schmelzwärme. Die Lösung kühlt noch weiter ab.

Vereinfacht ausgedrückt: Kältemischungen holen sich die Wärme, die sie zum Schmelzen und zum Auflösen brauchen, nicht von außen, sondern aus sich selbst!

Etwas Wasser, das kein Salz abbekommen hat, befindet sich unter dem Streichholz. Auch diesem Wasser wird Wärme entzogen, es gefriert und die dünne Eisschicht stellt die Verbindung zum Eiswürfel her.

Im Jahre 1714 mischte Fahrenheit Wasser, granuliertes Eis und Ammoniumchlorid. Die damit erzeugte Temperatur von − 17,7° C war die bis dahin niedrigste Temperatur, die man unter Laborbedingungen erzielen konnte. Fahrenheit erklärte den Punkt zum Nullpunkt seiner Skala.

Unter günstigsten Bedingungen können Sie mit einer Kältemischung aus 3 Teilen Calciumchlorid und 7 Teilen zerstoßenem Eis (Schnee) Temperaturen von − 55° C herstellen!

GE: Frostschutzmittel

Warum friert eine Mischung aus Frostschutzmittel und Wasser erst bei einer tieferen Temperatur? Warum schützt im Sommer das Frostschutzmittel auch vor Überhitzung des Kühlwassers? Warum soll man dann nicht gleich das Kühlwasser vollständig durch ein Frostschutzmittel ersetzen?

Frostschutzmittel besteht zu etwa 95 % aus Ethylenglykol EG (Rest ist Korrosionsschutz- und Antischaummittel). Einer Lösung aus Wasser und EG muß mehr Wärme entzogen werden als reinem Wasser, um sie zum Gefrieren zu bringen. Es müssen ja nicht nur die Wasser- und EG-Moleküle genügend verlangsamt werden, damit die Eisbildung beginnen kann, es muß auch die Adhäsion zwischen den unterschiedlichen Molekülen überwunden werden. EG erhöht auch die Siedetemperatur des Wassers weit über 100° C hinaus. Da die Wassermoleküle von den EG-Molekülen angezogen werden, müssen sie sich noch schneller als sonst bewegen, um zu verdampfen.[*]

---

[*] Damit verbunden ist ein günstiger Nebeneffekt: Der Motor kann mit einer höheren Betriebstemperatur gefahren werden. Damit verbessert sich der energetische Wirkungsgrad.

Leider kann Frostschutzmittel nicht im gleichen Maße Wärmeenergie aufnehmen und damit den Motor kühlen wie reines Wasser. Die spezifische Wärmekapazität von Ethylenglykol beträgt $2{,}4 \ \frac{kJ}{kg \cdot K}$, die von Wasser $4{,}18 \ \frac{kJ}{kg \cdot K}$. Der Frostschutzmittelanteil sollte daher nicht höher als erforderlich sein.

Unterkühlte Flüssigkeiten

Fixiersalz • Reagenzglas • Schüssel mit kaltem Wasser • Thermometer • Stativmaterial

Sie füllen ein Reagenzglas zu einem Viertel mit Fixiersalz, bringen es mit leichter Flamme zum Schmelzen und erhitzen die Schmelze auf etwa 80° C (die Schmelztemperatur von Fixiersalz beträgt 48° C). Jetzt stellen Sie das Reagenzglas in das kalte Wasserbad, beobachten die Abkühlung und lesen an einem empfindlichen Thermometer die Temperatur der Schmelze ab.

Das Salz erstarrt nicht bei der Schmelztemperatur! Noch weit unterhalb von 48° C bleibt es flüssig. Erst wenn Sie ein festes Fixiersalzkriställchen in die Flüssigkeit hineinwerfen, erstarrt es in sehr kurzer Zeit. Dabei erwärmt sich das Salz erheblich und das Thermometer steigt wieder an. Die Schmelzwärme wird (als Erstarrungswärme) plötzlich frei und erwärmt ihre Umgebung.

Man nennt Flüssigkeiten, die unter der Erstarrungstemperatur abgekühlt worden sind, ohne zu erstarren, unterkühlte Flüssigkeiten. Auch Wasser kommt in unterkühltem Zustand vor: Unterkühlter Regen kann schlagartig zu Eis werden, wenn er auf den Boden auftritt.

Bestimmung der Kondensationswärme von Wasser

Glaskolben • gebogenes Glasrohr • Thermosflasche oder Thermoskanne • Heizplatte oder Bunsenbrenner • Dreibein • Thermometer • Waage • Isoliermaterial

Mit Hilfe der abgebildeten Versuchsanordnung (s. Seite 158) bestimmen Sie (annähernd) die Kondensationswärme von Wasserdampf. Das Glasrohr umwickeln Sie mit Isoliermaterial, damit der Dampf nicht schon hier kondensiert.

Die Schüler wissen bereits, daß man zum Erwärmen von 1 kg Wasser um 1° C eine Wärmemenge von 4,2 kJ benötigt ($c = 4,2 \dfrac{kJ}{kg \cdot K}$).

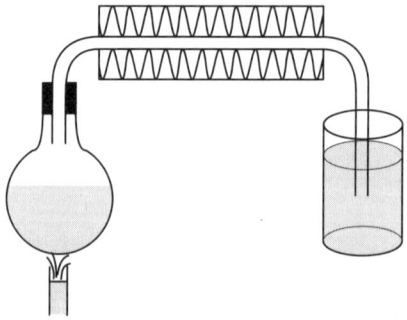

In das Thermosgefäß füllen Sie eine bestimmte Menge kaltes Wasser (zum Beispiel m = 500 g, Θ_1 = 10° C). Sie erhitzen das Wasser im Glaskolben und leiten den Wasserdampf durch das isolierte Glasrohr in das kalte Wasser. Der heiße Dampf kondensiert sofort zu Wasser und gibt dabei seine Kondensationswärme ab.

Nach ca. 3 Minuten unterbrechen Sie die Dampfzufuhr und lesen die Temperatur Θ_2 ab, zum Beispiel 60° C. Die Wassermasse im Thermosgefäß ist größer geworden, zum Beispiel sind es jetzt 550 g oder 0,55 kg. Nun können Sie die Wärmeenergie Q_1 berechnen, die dem kalten Wasser zugeführt wurde:

$$Q_1 = c \cdot m \cdot (\Theta_2 - \Theta_1)$$

$$Q_1 = 4,2 \ \frac{kJ}{kg \cdot K} \cdot 0,5 \ kg \cdot (\ 60° \ C - 10° \ C \ )$$

$$Q_1 = 105 \ kJ.$$

Diese Energie stellt noch nicht die Kondensationswärme dar, denn der Dampf ist ja zu 50 g Wasser kondensiert, das sich dann von 100° C auf 60° C abgekühlt hat. Dabei hat das heiße Wasser folgende Wärmemenge an das kalte Wasser abgegeben:

$$Q_1 = 4,2 \ \frac{kJ}{kg \cdot K} \cdot 0,05 \ kg \cdot (\ 100° \ C - 60° \ C \ )$$

$$Q_2 = 8,4 \ kJ$$

Also wurden 105 kJ – 8,4 kJ = 96,6 kJ Energie frei, als 0,05 kg Wasserdampf von 100° C in 100° C warmes Wasser kondensierte. Wenn Sie diese Energiemenge auf 1 kg umrechnen, erhalten Sie die spezifische Kondensationswärme von Wasserdampf:

$$\frac{96,6 \ kJ \cdot 1000 \ g}{50 \ g} = 1932 \ kJ \ .$$

Der genaue Wert für die Kondensationswärme von Wasser beträgt 2 256 $\frac{kJ}{kg}$. Die Kondensationswärme ist genauso groß wie die Verdampfungswärme.

Die Verdampfungsenergie wird in erster Linie benötigt, um die Flüssigkeitsteilchen voneinander zu trennen. Ein anderer Teil ist für die

Ausdehnung gegen den äußeren Druck (zur Volumenvergrößerung) erforderlich. Aus 1 cm³ Wasser entstehen ca. 1 600 cm³ Dampf.
Bei 1 bar Druck beträgt die „innere" Verdampfungswärme 2 087 kJ, die „äußere" Verdampfungswärme 169 kJ.

Verdampfungswärme

> *Elektroherd mit regelbaren Heizplatten (Schulküche)* •
> *Kochtopf* • *Kartoffeln* • *Wasser* • *Thermometer*

Warum ist es von Vorteil, beim Garkochen von Speisen die Wärmezufuhr zu verringern, wenn das Wasser zu sieden beginnt?

Wenn man dem siedenden Wasser weiterhin Wärme zuführt, erhöht sich *nicht* die Temperatur, denn die zugeführte Wärme wird ausschließlich dazu benutzt, das Wasser von 100° C in Wasserdampf von 100° C zu überführen. Eine Unterbrechung der Wärmezufuhr hat daher ein sofortiges Aufhören des Siedensprozesses zur Folge. Die Verdampfungswärme von Wasser beträgt 2 256 $\frac{kJ}{20\,kg}$. Erwärmt man 1 kg Wasser von 20° C auf 100° C, so benötigt man 336 kJ. Will man die gleiche Wassermenge auch noch verdampfen, so benötigt man fast die siebenfache Wärmemenge.

Es ist vorteilhaft, wenn man beim Garkochen der Speisen nur so lange auf stärkster Heizstufe Wärme zuführt, bis das Wasser zu sieden beginnt. Dann stellt man die Wärmezufuhr so ein, daß das Wasser gerade nicht zu sieden aufhört. Stärkere Wärmezufuhr bewirkt nicht höhere Temperatur, sondern nur rascheres Verdampfen des Wassers.

Sieden durch Abkühlung

> *Starkwandiger Rundkolben aus hitzebeständigem Glas* •
> *dicht schließender Gummistopfen* • *Stativmaterial* • *Bunsen-*
> *brenner* • *kaltes Wasser* • *Wasserwanne* • *eventuell*
> *Eisstückchen* • *Netz*

Sie bauen die abgebildete Versuchsanordnung (siehe S. 160) auf und füllen den Rundkolben etwa zur Hälfte mit Wasser. Unter einer kräftigen Flamme bringen Sie das Wasser zum Sieden. Dann nehmen Sie die Flamme weg (das Sieden hört sofort auf) und verschließen den Rund-

kolben fest mit einem gut sitzenden
Gummistopfen. Dabei ist es sinnvoll,
Schutzhandschuhe zu tragen.
Jetzt drehen Sie den Kolben um und
lassen kurz kaltes Wasser über ihn
laufen. Wie ist es zu erklären, daß
das Wasser trotz Abkühlung siedet?

Noch wirkungsvoller ist der Versuch,
wenn Sie nach einer Weile kleine
Eisstückchen (in einem Netz) auf
den Kolben legen. Auch nach länge-
rer Abkühlungszeit beginnt das Wasser wieder zu sieden. Am Ende des
Versuches läßt sich der Stopfen nur
mit Mühe aus dem Kolben ziehen. Dabei strömt unter starkem Zischen
Luft ein. In dem Kolben herrschte also ein erheblicher Unterdruck.

Die Siedetemperatur ist vom Druck abhängig, der auf die Flüssigkeit
wirkt. Sie ist erreicht, wenn der Dampfdruck gleich dem Umgebungs-
druck ist. Für Wasser ist das bei einer Temperatur von 100° C und einem
Druck von etwa 1 bar der Fall. Oder einfacher: Der Druck in den
Dampfblasen, die sich beim Erwärmen bilden, muß mindestens so groß
sein wie der Druck, der auf die Wasseroberfläche wirkt – sonst können
die Blasen nicht entweichen beziehungsweise gar nicht erst entstehen.

Bei diesem Versuch hat der Wasserdampf die Luft im Kolben fast
vollständig verdrängt, so daß sich über dem Wasser fast nur noch
Wasserdampf befindet. Kühlt man nun den verschlossenen Kolben ab,
kondensiert (verflüssigt) der Wasserdampf. Mit der Verringerung des
Volumens sinkt der Druck im Kolben und damit auch der Dampfdruck
über dem Wasser. Das Wasser kann nun bei tieferen Temperaturen
sieden. Die dazu benötigte Verdampfungswärme liefert das Wasser
selbst, denn von außen wird ja keine Wärme mehr zugeführt.

So ist auch verständlich, daß Wasser auf hohen Bergen bei Temperatu-
ren unter 100° C siedet, zum Beispiel in 5 km Höhe bei 82° C. Eiweiß
gerinnt bei 90° C. Man kann deshalb in einem offenen Gefäß in dieser
Höhe keine Eier hartkochen. Beträgt der Luftdruck nur $\frac{1}{100}$ des normalen
Drucks, siedet Wasser schon bei +6° C. Pulverkaffee, Fleischextrakte,
Säfte und Milch werden im Vakuum „eingedickt".

Dampfblasen

Rundkolben • *Stativmaterial* • *Bunsenbrenner* •
Thermometer

Sie erwärmen Wasser in einem offenen Rundkolben und lassen die
Dampfbildung beobachten. Warum
bilden sich schon bei einer Temperatur von ca. 80° C Dampfblasen –
allerdings nur am Boden des Gefäßes? Und warum wird das Volumen
der Blasen im siedenden Wasser
größer, wenn sie nach oben steigen?

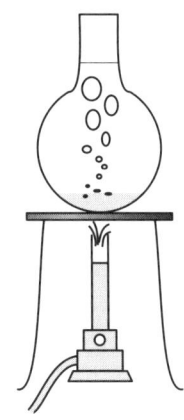

Der Boden des Rundkolbens hat direkten Kontakt zur Wärmequelle. Da
Wasser ein schlechter Wärmeleiter
ist, nimmt er eine höhere Tempera-
tur an, als das umgebende Wasser. So kommt es, daß die dünne
berührende Wasserschicht bereits die Siedetemperatur erreicht, obwohl
das darüber liegende Wasser erst eine (mittlere) Temperatur von 80° C
aufweist.

Je höher die Dampfblasen steigen, desto geringer wird der auf ihnen
lastende Schweredruck des Wassers. Mit der Verminderung des Außen-
druckes vergrößert sich das Gasvolumen innerhalb der Blase. Gelangt
die Dampfblase an die Oberfläche, wirkt nur noch der äußere Luftdruck.
Ist der Dampfdruck geringfügig größer als der Luftdruck, zerplatzt die
Blase und die Dampfmoleküle verlassen die Wasseroberfläche.

Pumpen durch Kühlung

Rundkolben • *Wärmequelle* • *durchbohrter Gummistopfen*
• *Glasrohr* • *Wasserwanne* • *Stativklemme*

Sie füllen einen kleinen Rundkolben zu einem Viertel mit Wasser und
verschließen ihn mit einem Stopfen, durch den ein Glasrohr führt. Dann
bringen Sie das Wasser zum Sieden (Kochplatte, Bunsenbrenner). Sie
brechen die Wärmezufuhr ab und halten den Kolben (unter Benutzung
einer Haltezange oder Stativklemme) mit dem Ende des Glasrohres in

kaltes Wasser. Das Wasser dringt in
den Kolben ein und füllt ihn aus.
Die Erklärung ist einfach: Der Kolben kühlt ab und der Dampf im
Inneren kondensiert. Es entsteht ein
luftverdünnter Raum, in den der äußere Luftdruck das kalte Wasser hineinpreßt.

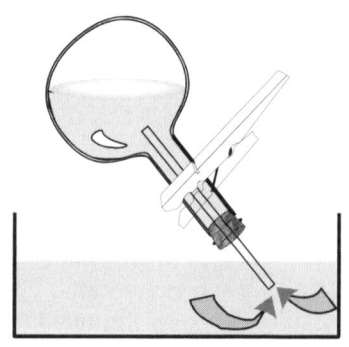

Sieden bei Zimmertemperatur

Siedekolben • *Wasserstrahlpumpe* • *Spiritus* • *Stopfen*

Sie füllen etwas Spiritus
(oder anderen Alkohol,
Äther oder ähnliches) in
den Siedekolben und ver-
schließen ihn mit einem
gut sitzenden Gummi-
stopfen. Dann schließen
Sie die Wasserstrahlpum-
pe an und saugen die Luft
heraus. Ist der Unterdruck
stark genug, fängt die
Flüssigkeit an zu sieden –
bei Zimmertemperatur.
Die dazu notwendige
Energie liefert zum Teil
die Umgebung und die

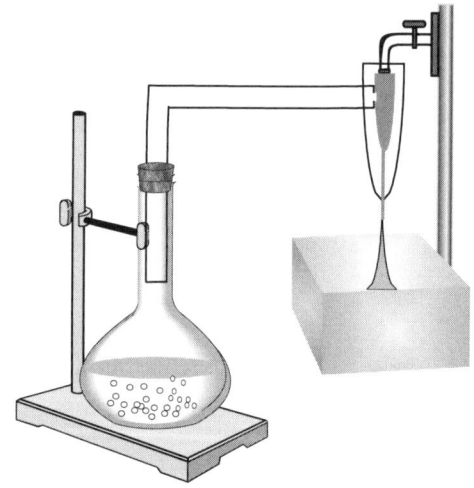

Flüssigkeit selbst, die sich dabei stark abkühlt. An der Außenseite des
Kolbens schlägt sich die Luftfeuchtigkeit nieder (Wasserdampf konden-
siert) und es bildet sich Reif.
Ähnlich funktioniert auch der Kompressorkühlschrank.

Schnellkochtopf

Schnellkochtopf • normaler Kochtopf • Elektroherd • Kartoffeln

Sie kochen die gleiche Menge Kartoffeln – einmal im herkömmlichen Kochtopf, einmal im Schnellkochtopf (Dampfkochtopf). Im Schnellkochtopf sind die Kartoffeln etwa dreimal schneller gargekocht. Warum?

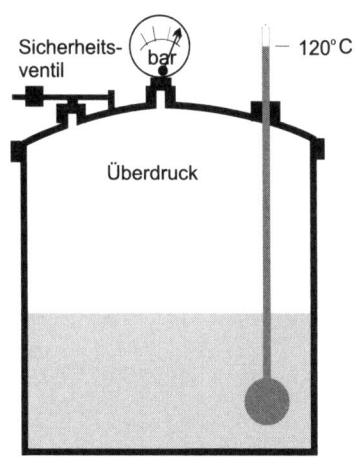

Im Schnellkochtopf befindet sich das Kochgut auf einem Sieb oberhalb des Wassers. Der Deckel ist fest aufgeschraubt und dampfdicht verschlossen.

Bei Energiezufuhr siedet das Wasser und baut einen Dampfdruck auf, der bis zum Doppelten des normalen Luftdrucks ansteigen kann (siehe Tabelle „Dampfdruck des Wassers" auf der Seite 164). Eine weitere Druckerhöhung wird verhindert, weil dann das Überdruckventil öffnet.

Die Temperatur im Inneren beträgt etwa 120° C, da der Siedepunkt des Wassers mit zunehmendem Druck ansteigt. Mit der hohen Kochtemperatur verkürzt sich die Garzeit erheblich. In der 120° C heißen Dampfatmosphäre garen die Kartoffeln besonders schnell, weil ein Teil des Dampfes an der kühleren Kartoffel kondensiert und dabei Verdampfungswärme abgibt.

Schnellkochtöpfe dürfen nicht gewaltsam geöffnet werden, da der plötzliche Druckabfall sofort große Mengen Dampf und eventuell auch den Topfinhalt schlagartig herausschleudert. Man bringt den Schnellkochtopf auf Normaldruck, indem man ihn unter fließendes kaltes Wasser abkühlt. Dabei kondensiert der Wasserdampf und erhitzt noch einmal den Kochinhalt.

Dampfdruck p des Wassers bei der Temperatur t

in ° C	p in mbar	in ° C	p in mbar
0	6	90	0,701
10	12	100	1,013
20	23	125	2,32
30	42	150	4,76
40	74	175	8,92
50	123	200	15,55
60	199	250	39,78
70	312	300	85,92
80	474	374,15	221,29

Kälte klebt die Finger fest

Sehr kalter Metallgegenstand

Nehmen Sie einmal einen Metallgegenstand (zum Beispiel einen Eis-
würfelbehälter) aus Ihrer Tiefkühltruhe. Vorsicht ist geboten, denn Ihre
Hand kann an dem kalten Metall kleben bleiben. Vielleicht löst sich
sogar etwas Haut von Ihrer Hand, wenn Sie den Metallgegenstand
wieder abstellen wollen. Wie kommt es zu dieser „Klebewirkung"?

Die Oberfläche der Hand ist von einer dünnen Wasserdampfschicht
umgeben. Berührt die Hand einen kalten Gegenstand, kondensiert der
Dampf zu Wasser und schlägt sich nieder. Metall leitet die Wärme schnell
ab und das Wasser gefriert augenblicklich – sowohl auf der Metallober-
fläche, als auch auf der Haut. Das Eis stellt eine ziemlich feste Verbindung zwischen dem Metall und der Haut her. Damit Sie sich nicht
verletzen, sollten Sie den kalten Gegenstand und Ihre Hand unter
laufendes Wasser halten.

Berühren Sie niemals mit Ihrer Zunge einen stark unterkühlten Metallgegenstand! Und Schlittschuhe, die eine Zeitlang in großer Kälte gelegen
haben, nur mit Handschuhen anfassen!

Verdunstungskälte

Thermometer • Wasser • Spiritus

Tauchen Sie ein Thermometer in kaltes Wasser und warten Sie ab, bis es die Wassertemperatur genau anzeigt. Dann nehmen Sie das Thermometer heraus und beobachten die Quecksilbersäule. Sie sinkt um etwa 2 Grad unter den Grad der Wassertemperatur. Erst nach geraumer Zeit steigt die Quecksilbersäule wieder und zeigt die Lufttemperatur an. Wiederholen Sie den Versuch, indem Sie das Thermometer in Spiritus halten.

Wenn Sie das Thermometer aus dem Wasser nehmen, verdunstet die anhaftende Flüssigkeit, die sich dabei abkühlt. Dies löst einen Wärmefluß von der Umgebung aus (also auch vom Quecksilber), das sich ebenfalls abkühlt. Es verringert sein Volumen und zieht sich zusammen. Erst wenn alles anhaftende Wasser verdunstet ist, steigt die Quecksilbersäule wieder.

Windrichtung

Sie feuchten Ihren Zeigefinger leicht an und halten ihn senkrecht in die Luft. Selbst bei ruhigem Wetter läßt sich so im Freien ein leichter Wind feststellen. Sie spüren sofort, an welcher Seite der Finger kühl wird – das ist die Richtung, aus der der Wind weht.
Der vorbeistreichende Wind beschleunigt die Verdunstung der Hautoberfläche.

GE: Sauna

Warum kann man es längere Zeit in der Sauna bei Lufttemperaturen von über 90° C aushalten, obwohl die Körpertemperatur nur 37° C beträgt?

In der feuchtwarmen Sauna schwitzt man sehr stark. Der Schweiß dient dabei der Temperaturregelung. Je höher die Außentemperatur ist, desto mehr Schweiß verdunstet, kühlt ab und ein Wärmestrom aufgrund des Temperaturunterschiedes entzieht dem Körper Wärme. Die Körpertemperatur steigt zwar etwas an (auf ca. 39° C), aber der Körper überhitzt nicht.

GE: Welcher Kaffee kühlt schneller ab?

Sie haben zwei völlig gleiche Tassen mit heißem Kaffee vor sich stehen. Welche wird als erste abkühlen und Trinktemperatur annehmen: Die, in welche Sie sofort eine bestimmte Menge kalte Milch hineinschütten, oder die, der Sie dieselbe Menge kalte Milch später zugeben?

Je größer der Temperaturunterschied zwischen einer Substanz und ihrer Umgebung ist, desto schneller erfolgt der Temperaturausgleich. Demnach wird die Tasse Kaffee, zu der Sie die kalte Milch erst später zuschütten, die Wärme schneller verlieren und damit auch zuerst Trinktemperatur erreichen.

Hier übernimmt die Verdunstungskälte den größten Anteil an der Wärmeabgabe, während Wärmeströmung, -leitung und -strahlung nur eine untergeordnete Rolle spielen.

GE: Kühlschrank

a) Kann man einen Raum dadurch kühlen, daß man die Tür eines Kompressorkühlschranks geöffnet läßt?

Auf diese bekannte Frage wird (fast) jeder die richtige Antwort geben: Nein, denn durch den Temperaturanstieg im offenen Kühlschrank springt der Kompressor häufiger an. Es wird sogar mehr Wärme durch den Kompressor und den Kühlschlangen an der Rückwand freigesetzt, als von der vorn herausströmenden Kaltluft kompensiert wird. Der Raum wird sogar noch wärmer.

Aber kurzfristig ist doch eine (geringe) Abkühlung möglich: Wenn Sie mit dem Öffnen der Tür auch die Stromzufuhr unterbrechen, indem Sie den Stecker ziehen.

b) Warum verlieren Kühlschränke mehr „Kälte" als Tiefkühltruhen, wenn man die Tür öffnet?

Im Kühlschrank und in der Tiefkühltruhe sammelt sich unten die kalte Luft, weil sie eine größere Dichte als wärmere Luft hat. Wenn man die Kühlschranktür öffnet, entweicht unten die kalte Luft, während von oben warme Luft einströmt.

Aus Kühltruhen geht beim Öffnen weit weniger „Kälte" verloren, das heißt, es fließt weniger Wärmeenergie zu. Die kalte Luft hat sich am

Boden gesammelt und entweicht nur zu einem kleinen Teil nach oben. In Metzgerläden und Supermärkten findet man Kühltruhen, die oben offen sind, ohne daß dadurch die Kühlung allzusehr beeinträchtigt wird.

Verbrennungsmotor und Treibstoff

Pappröhre mit Deckel • *Stadtgas oder Campinggas* • *Streichhölzer* • *Feuerzeugbenzin* • *Korkstückchen*

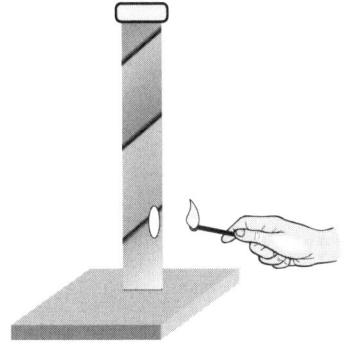

Sie nehmen eine Pappröhre von etwa 60 cm Länge und 8 bis 10 cm Durchmesser, wie sie zum Transport von Zeichnungen oder Poster verwendet wird. Etwa 5 cm vom Boden bohren Sie ein 1 cm großes Loch in die Seitenwand.
Lassen Sie dann einen kurzen Augenblick Gas (am besten eignet sich Stadtgas oder Campinggas) in die Röhre strömen. Achten Sie darauf, daß der Deckel lose aufliegt.
Sie unterbrechen die Gaszufuhr und entzünden das Gas-Luft-Gemisch an der kleinen seitlichen Öffnung. Erfolgt keine Reaktion, wiederholen Sie den Versuch mit einer *geringeren* Gasmenge. Bei diesem Versuch muß man durch Ausprobieren das richtige Luft-Gas-Verhältnis finden. Das Gas-Luft-Gemisch verbrennt explosionsartig, und der Deckel fliegt in hohem Bogen weg.

Gefährlicher ist der Versuch mit einem Benzin-Luft-Gemisch, das in einer Glasröhre mit Stopfen gezündet wird. Lassen sie die Finger davon! Sie können es auch mit der Pappröhre versuchen. Beginnen Sie mit 10 Tropfen Benzin auf 1 l Luft und verringern Sie bei Nichtgelingen die Tropfenzahl. Die Pappröhre muß oben mit einem Korken leicht und unten mit einem Deckel fest verschlossen werden. Kräftiges Schütteln und kleine Korkstücke in der Röhre helfen, das Benzin fein zu verteilen.

Liegt Benzin in reiner Form vor (nicht als Benzin-Luft-Gemisch) und können sich die Verbrennungsgase frei ausdehnen, findet keine Explosion statt. Das zeigen Sie den Schülern, indem Sie etwa 30 Tropfen Benzin in eine Porzellanschale geben und mit einem Streichholz anzünden. Das Benzin brennt mit „kraftloser" Flamme ab.

Ausdehnungsarbeit von Luft

Großer Rundkolben • durchbohrter Stopfen • Glasspritze (Kolbenprober) mit leichtgängigem Kolben • Wasserwanne

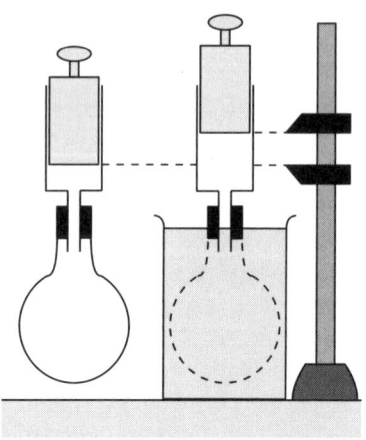

Sie ziehen den Kolben einer Glasspritze auf ein Volumen von 50 cm³ aus, stecken die Spitze durch einen Gummistopfen und verbinden beide mit einem leeren Rundkolben. Die Luft im Glasgefäß soll ein Volumen von 1 l und eine Temperatur von 20° C haben.

Jetzt tauchen Sie den Rundkolben in Wasser von etwa 35° C. Die Luft im Inneren erwärmt sich, dehnt sich aus und hebt den Kolben auf eine Höhe von etwa 90 cm³. Damit hat die Luft eine Hubarbeit verrichtet, die man zum Heben von Lasten ausnutzen kann (die Arbeit gegen den äußeren Luftdruck gehört nicht zur Nutzarbeit).

Sie können die Arbeit berechnen, wenn die Hubhöhe h und das Gewicht des Kolbens bekannt sind (h = 0,12 m; G = 0,5 N):

$$W = G \cdot h$$
$$W = 0{,}5 \text{ N} \cdot 0{,}12 \text{ m}$$
$$W = 0{,}06 \text{ Nm} = 0{,}06 \text{ J}.$$

Die tatsächliche Arbeit, die die eingeschlossene Luft bei der Ausdehnung verrichtete, ist allerdings noch größer: Der Kolben muß die Reibung an den Glaswänden überwinden und eine kleine Luftmenge beiseite schieben.

Wieviel Energie Q wurde der Luft im Innern des Rundkolbens insgesamt zugeführt?

Die Masse der Luft beträgt 1,3 g, der Temperaturunterschied 15 K (Kelvin) und die spezifische Wärmekapazität der Luft (bei konstantem Druck) $c_p \approx 1 \ \frac{\text{J}}{\text{g} \cdot \text{K}}$ (Literaturwert: c_p (Luft, 293 K) = 1,005 $\frac{\text{J}}{\text{g} \cdot \text{K}}$).

$$Q = c_p \cdot m \cdot (T_2 - T_1)$$

$$Q = 1 \, \frac{J}{g \cdot K} \cdot 1,3 \, g \cdot 15 \, K$$

$$Q = 19,5 \, J$$

Die in der Luft verbliebene Energie E nach der Arbeitsverrichtung ist dann:

$$E = Q - W$$
$$E = 19,5 \, J - 0,06 \, J$$
$$E = 19,44 \, J.$$

Mit dieser Energie von 19,44 J hat die Luft eine Arbeit von 0,06 J verrichtet. Der Wirkungsgrad dieser „Maschine" beträgt nur

$$\eta = \frac{0,06}{19,5} = 0,3 \, \% \, .$$

Sie können den Kolben der Glasspritze auch „blockieren", bevor Sie den Rundkolben ins Wasserbad tauchen. Dann bestimmen Sie nährungsweise die Ausdehnungsarbeit der Luft bei *konstantem Volumen*. Nach einer Weile lösen Sie die Sperrung des Kolbens, der sofort in die Höhe schnellt.

3. Elektrizitätslehre/ Magnetismus

Eine Büroklammer als Wegweiser

Büroklammer • Zwirnsfaden • Lineal • Buch • Magnet • Kompaß

Befestigen Sie das eine Ende eines etwa 30 cm langen Zwirnsfadens in der Mitte einer Büroklammer mit einem Klebestreifen. Das andere freie Ende befestigen Sie am Ende eines Lineals. Legen Sie das freie Ende des Lineals auf den Tischrand und beschweren es mit einem Buch. Der Zwirnsfaden mit 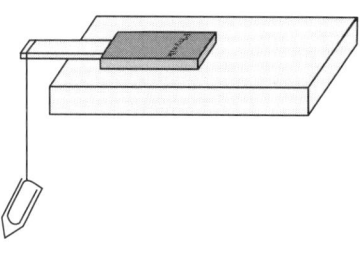 der Büroklammer hängt nun frei herunter. Magnetisieren Sie die Büroklammer mit einem Magneten. Anschließend lassen Sie die Büroklammer frei schweben, bis sie sich auf eine Richtung eingestellt hat. Überprüfen Sie diese Richtung mit einem Kompaß. Die magnetisierte Büroklammer richtet sich im Magnetfeld der Erde aus. Sie ist ein einfacher Kompaß.

Wasserballett einer Nadel

Nadel • Magnet • Schraubverschluß aus Kunststoff • Schüssel mit Wasser • Spülmittel

Eine Nadel wird mit einem Magneten magnetisiert. Stoßen Sie die Nadel durch die Seiten eines Schraubverschlusses. Schütten Sie in eine Schüssel Wasser und geben Sie etwas Spülmittel zur Wasserentspannung hinzu. Lassen Sie die Nadel mit dem Schraubverschluß nun zu Wasser. Nach kurzer Zeit richtet sich die Nadel im Magnetfeld der Erde aus. Die Nadel mit dem Schraubverschluß ist ein einfacher Kompaß.

Die folgsame Nadel

Flache Glasschale (ca. 2 l Volumeninhalt) • *Nähnadel* •
Zwirnsfaden • *Klebestreifen* • *Stabmagnet*

Füllen Sie eine Glasschale zu $\frac{3}{4}$ mit
Wasser und schneiden Sie etwa
30 cm lange Bindfäden ab. Kleben
Sie dann je ein Ende der Bindfäden
so an die Innenwand der Glasschale,
daß sie einen Abstand von etwa
3 cm haben. Straffen Sie die beiden
Fäden mit beiden Händen, so daß
sie parallel über der Schale liegen
(Bild 1) und lassen die Nadel entlang der Bindfäden vorsichtig ins
Wasser gleiten.

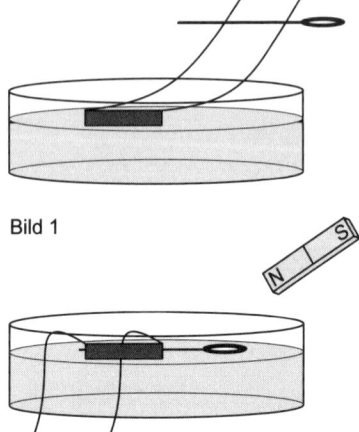

Bild 1

Entfernen Sie nun behutsam die
Bindfäden von der Nadel; die Nadel
schwimmt aufgrund der Adhäsion
im Wasser. Bringen Sie einen Magneten in die Nähe der Nadel, ohne daß
die Nadel berührt wird (Bild 2). Die
schwimmende Nadel folgt den Bewegungen des Magneten.

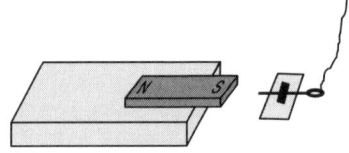

Bild 2

Die Stahlnadel kann als Probekörper aufgefaßt werden, der sich in
einem Magnetfeld befindet.

Das Magnetflugzeug

Stahlnadel • *ca. 30 cm lange Bindfäden* • *Küchentuchpapier* • *Stabmagnet*

Schneiden Sie einen 2,5 cm breiten
Streifen von einem Küchentuchpapier ab, und stechen Sie die Nadel
quer in die Mitte des Streifens ein.
Rechts und links entstehen zwei „Flügel"; das „Flugzeug" ist fertig. Befestigen Sie den Faden an der Nadel.

Nun befestigen Sie den Stabmagneten an einem Tisch, so daß ein Pol über die Tischkante hinausschaut. Legen Sie das „Flugzeug" auf den freien Pol und ziehen Sie langsam am Zwirnsfaden bis das „Flugzeug" in der Luft schwebt. Es bleibt solange in der Luft, wie es in der Nähe des Magneten ist.
Die Nadel im „Flugzeug" ist aufgrund des Materials magnetisiert. In der Nähe des Stabmagneten sind die magnetischen Kräfte groß genug, um das „Flugzeug" in der Schwebe zu halten.

Der „Schäker"-Stab

Eisenspäne • *Strohhalm* • *Stabmagnet* • *Kompaß* •
Knetgummi

Füllen Sie einen Strohhalm zu $\frac{3}{4}$ mit Eisenspänen und verschließen Sie beide Enden mit Knetgummi. Legen Sie den so präparierten Strohhalm ungefähr eine Minute lang auf einen Stabmagneten. Anschließend nehmen Sie den Strohhalm vorsichtig ab und bringen ihn in die Nähe des Kompasses.
Beobachten Sie die Kompaßnadel. Schütteln Sie nun mehrfach den Strohhalm und bringen ihn wiederum in die Nähe des Kompasses. Wie verhält sich nun die Kompaßnadel?

Im ersten Fall wird die Kompaßnadel durch den magnetischen Strohhalm angezogen. Nachdem der Strohhalm geschüttelt wurde, ist die magnetische Wirkung aufgehoben. Die Eisenspäne entsprechen kleinen Magneten, die durch den Einfluß eines äußeren Magneten ausgerichtet werden können. Die Schüttelbewegung bringt die Ordnung wieder durcheinander.

Das ist ein Modellversuch zur Magnetisierung und Entmagnetisierung. Die magnetische Wirkung einer magentisierten Nadel kann durch starke Erschütterung aufgehoben werden. Die Eisenspäne entsprechen den Elementarmagneten.

Klebende Streifen – oder etwa nicht?

Zwei längere Tesa-Streifen

Kleben Sie zwei Tesa-Streifen zur Hälfte ihrer Länge an eine Tischkante. Halten Sie die beiden anderen Enden mit der Hand fest und ziehen Sie sie schnell vom Tisch ab. Bringen Sie die beiden Streifen nahe zueinander, ohne daß sie sich berühren. Die beiden Streifen stoßen sich ab. Wenn die beiden Streifen vom Tisch abgezogen werden, dann entreißen sie dem Tisch Ladung. Die beiden Streifen tragen eine negative Ladung.

Kunst mit Wasser

Feiner Wasserstrahl ● *Wolltuch* ● *Kunststofflineal*

Das Kunststofflineal wird mit dem Wolltuch mehrmals kräftig gerieben. Anschließend wird das Lineal in die Nähe eines gleichmäßig fließenden dünnen Wasserstrahls gehalten.
Das Kunststofflineal ist durch die Reibung mit dem Wolltuch elektrisch aufgeladen. In seiner Umgebung entsteht ein inhomogenes elektrisches Feld. Durch Polarisation der Wassermoleküle werden diese angezogen; der Strahl wird abgelenkt.

Berühren verboten

Klares Plastikglas ● *etwas Knetgummi* ● *Pinwandnadel* ● *Küchentuchpapier* ● *Luftballon* ● *Wolltuch* ● *Schere* ● *Lineal*

Formen Sie einen Knetgummi zu einer Kugel und kleben Sie ihn auf einen Tisch. Stecken Sie eine Pinwandnadel so in den Knetgummi, daß die Nadelspitze nach oben zeigt.
Schneiden Sie ein 2,5 cm großes Küchentuchpapier aus und falten Sie es entlang der Mittellinie zu einem Zelt. Bringen Sie das so erhaltene Zelt auf der Nadelspitze ins Gleichgewicht und stülpen Sie das Plastikglas über diesen Aufbau.
Blasen Sie einen Luftballon auf, so daß er bequem in der Hand liegt, und verknoten Sie den Nippel. Reiben Sie den aufgeblasenen Luftballon mehrfach mit einem Wolltuch und bringen Sie den so geladenen Ballon

von oben in die Nähe des Plastikgla-
ses, ohne daß Sie das Glas berühren.

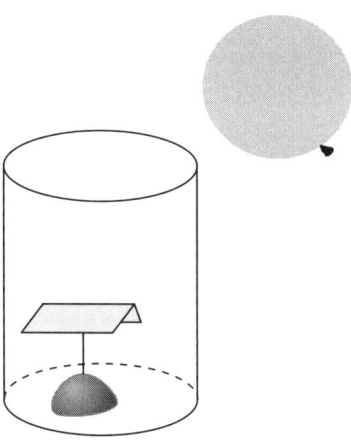

Beobachten Sie die Reaktion des Pa-
pierzeltes. Es bewegt sich und fällt
von der Nadel herunter. Durch die
Reibung ist der Ballon aufgeladen
und zieht das Papierzelt an. Die
elektrische Feldkraft ist dabei stark
genug, um das Papierzelt hochzuhe-
ben. Der negativ geladene Luftballon zieht das positiv geladene Papierzelt an. Diese Anziehungskraft
ist groß genug, um das Zelt von der
Nadelspitze zu ziehen.

Metallstreifen von Geisterhand bewegt

*Sehr dünne Aluminiumfolie • hohes Gefäß (ca. 1 l Volumen-
inhalt) • starke Klarsichtfolie • Draht • Luftballon •
Befestigungsmaterial*

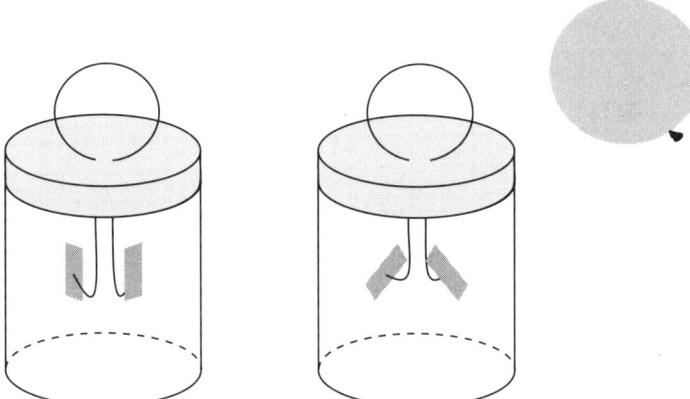

Schneiden Sie zwei Streifen der Größe 1 cm x 5 cm aus der Aluminiumfolie aus. Verschließen Sie mit der Klarsichtfolie das Glasgefäß und
sichern Sie die Folie mit einem Gummiband. Bohren Sie mit einem
spitzen Gegenstand ein kleines Loch in die Folie.

Biegen Sie einen 20 cm langen Draht zu einer Schlinge, wobei die
beiden freien Enden etwa 5 cm nach außen abstehen; sie dienen später
als Haken. Hängen Sie an jeden Haken einen der Aluminiumstreifen
und bringen Sie den so vorbereiteten Draht mit den Aluminiumstreifen
durch das Loch in der Folie in das Glas hinein. Die Schlinge muß dabei
aus dem Glasgefäß herausschauen.

Reiben Sie einen aufgeblasenen Ballon an einem Wollstück und bringen
Sie dann den Ballon in die Nähe der Schlinge. Die Aluminiumstreifen
bewegen sich auseinander, wenn man sich mit dem geladenen Ballon
nähert.

Dies ist ein einfaches Elektroskop. Bei Annäherung des Ballons verschieben sich die Ladungen innerhalb des Streifens, die an den jeweiligen beiden Enden gleich sind. Die Aluminiumstreifen stoßen sich als
Folge davon ab.

Der tanzende Besenstiel

**Besenstiel • dünne Kunststoffolie (30 cm x 30 cm) •
Wolltuch • Stuhl**

Auf der Stuhllehne wird ein Besenstiel ins Gleichgewicht gebracht. die
Kunststoffolie wird auf einen Tisch gelegt und mit einer Hand festgehalten. Mit der anderen Hand wird mehrmals mit einem Wolltuch über
die Folie gestrichen. Anschließend wird die Folie hochgehoben und in
die Nähe der Spitze des Besenstiels gebracht. Der Besenstiel dreht sich
in Richtung der Folie.

Durch die geladene Folie baut sich zwischen Besenstiel und Folie ein
elektrisches Feld auf. Die auftretenden Kräfte bewegen den Besenstiel.

Die Ballonschaukel

**Zwei Luftballons • mehrere Meter Bindfaden • Klebe-
streifen • Filzstift**

Hinweis: Für dieses Experiment sollten Ihre Haare gewaschen, fettfrei
und trocken sein. Sie können auch einen Schüler um Mithilfe bitten. Als
Ersatz genügt auch ein Pullover.

Blasen Sie die beiden Luftballons prall auf und verknoten Sie die beiden
Nippel. Markieren Sie jeden Ballon mit verschiedenen Zeichen (zum

Beispiel 1 und 2). Teilen Sie den Zwirnsfaden, so daß zwei je ein Meter lange Fäden entstehen und befestigen Sie je einen Faden an einem Ballon. Die anderen Enden der Bindfäden kleben Sie an den Querbalken eines Türrahmens an, so daß die beiden Ballons ungefähr im Abstand von 25 cm herunterhängen. Streichen Sie den Ballon 1 mehrfach an Ihren Haaren und lassen Sie ihn behutsam los.

Im zweiten Teil des Experiments streichen Sie wiederum mehrfach den Ballon 1 an Ihren Haaren. Ihr Assistent reibt währenddessen den Ballon 2 an Ihren Haaren. Lassen Sie beide Ballons behutsam los.

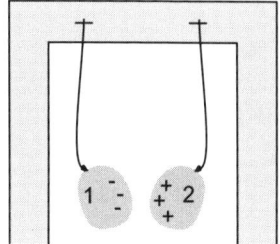 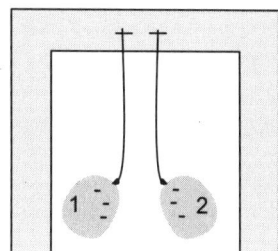

Im ersten Fall ziehen sich die beiden Ballons an, denn der eine Ballon trägt eine Ladung. Im zweiten Ballon trennen sich dadurch die positiven und negativen Ladungen, so daß dem die Ballon zugewandte Seite des zweiten Ballons die entgegengesetzte Ladung besitzt.

Im zweiten Versuch stoßen sich die Ballons aufgrund der Reibung ab, denn sie tragen beide die gleiche Ladung.

Und wo, bitte schön, ist der „Pluspol"?

Aluminiumfolie • Batterie • Büroklammern • zwei Pfennigstücke • Stecknadel • Klebestreifen • Stahlwolle • Kartoffel

Schneiden Sie aus einer Aluminiumfolie ein Stück der Größe 60 cm mal 30 cm aus. Falten Sie die Folie längsweise in fünf Lagen, so daß Sie einen dünnen Streifen von 60 cm Länge erhalten. Halbieren Sie anschließend den Streifen in zwei gleichlange Stücke. Die beiden Pfennigstücke reiben Sie mit der Stahlwolle blank. Wickeln Sie ein Ende eines jeden Aluminiumstreifens um je ein Pfennigstück und befestigen Sie die Enden mit Büroklammern. Stellen Sie dabei sicher, daß etwa die Hälfte der Pfennigstücke noch herausschauen.

Halbieren Sie eine Kartoffel und stecken Sie die beiden so vorbereiteten Pfennigstücke im Abstand von ungefähr 1 cm in die eine Hälfte der Kartoffel hinein.

Verbinden Sie die beiden noch freien Enden des Aluminiumstreifens mit den Polen der Batterie. Markieren Sie mit einer Stecknadel in der Kartoffel den Pluspol der Batterie. Lösen Sie die Verbindung nach ca. 1 Stunde und begutachten Sie die Löcher, in denen die Pfennige steckten. Die markierte Aushöhlung in der Kartoffel, in der einer der Pfennigstücke steckte, ist grün gefärbt. Die positiven Kupferpartikel des Pfennigs rekombinieren mit den negativen Partikeln der Kartoffel, es entsteht eine grüne Kupferverbindung.

Wie viele Leitungen benötigt ein Haushalt?

Glimmlampe auf einem Sockel mit zwei Anschlüssen • Steckdose mit EIN/AUS-Schalter • zwei Krokodilklemmen • Verbindungskabel

Hinweis: Dieses Experiment darf nur von einer Lehrperson durchgeführt werden! Achten Sie auf sorgfältiges Experimentieren!

Der Versuch gliedert sich in zwei Teile, die Sie nacheinander ausführen:

a) Der eine Anschluß des Sockels wird direkt an einen Heizungskörper, der Teil eines Zentralheizungssystems ist, angeschlossen. Achten Sie darauf, daß die Farbe nicht elektrisch isolierend wirkt. Der zweite Anschluß der Glimmlampe wird mit einem Pol der Steckdose verbunden. Erst dann wird die Steckdose über den EIN/AUS-Schalter mit dem Haushaltsstromnetz verbunden und der Schalter auf EIN gestellt.

b) Der Schalter wird auf AUS gestellt und die Verbindung mit dem Haushaltsstromnetz gelöst. Der zweite Anschluß der Glimmlampe wird nun mit dem anderen Pol der Steckdose verbunden. Die Verbindung zu dem Heizkörper bleibt weiterhin bestehen. Wiederum wird zuerst die Verbindung mit dem Haushaltsstromnetz hergestellt und dann der Schalter auf EIN gestellt.

Beobachtung: In einem Fall leuchtet die Glimmlampe auf, im anderen Fall nicht.

Begründung: Im Falle des Aufleuchtens ist die Glimmlampe mit der „Phase" des Haushaltsstromnetzes verbunden. Es liegt ein geschlossener Stromkreis vor. Der zweite „Leiter" ist die Erde.

Im anderen Fall ist eine Verbindung vom Nulleiter zum Nulleiter, der ja geerdet ist, vorhanden. Den Nulleiter übernimmt im Stromkreis des Haushaltes die Erdverbindung.

Der Letzte geht leer aus

Zwei Glühlampen (25 W und 100 W) • *zwei Lampenfassungen mit Steckanschlüssen* • *EIN/AUS-Schalter* • *Verbindungskabel*

Schalten Sie in einem Stromkreis die beiden Lampen einmal parallel (Fall a), im zweiten Versuchsaufbau hintereinander (Fall b). Verbinden Sie den Stromkreis über einen EIN/AUS-Schalter mit der Spannungsquelle im Haushalt (220 V).
Im Fall a) leuchten beide Lampen. An beiden Lampen fällt die gleiche Spannung ab.
Im Fall b) leuchtet nur die 25-W-Lampe auf. Hier fällt soviel Spannung ab, daß die 100-W-Lampe nicht mehr aufleuchtet.
Beide Experimente dienen zur Einführung der Gesetze im unverzweigten und verzweigten Stromkreis.

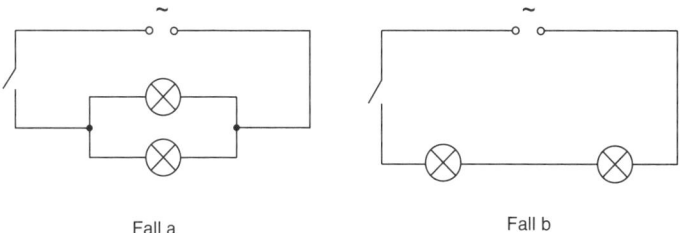

Fall a   Fall b

Glas als Leiter?

Glasröhrchen mit 5 mm Außendurchmesser und 10 cm Länge • *zwei Stricknadeln* • *zwei Experimentier-Isolierhalterungen* • *Glühlampe (100 W, 220 V) mit Fassung* • *EIN/AUS-Schalter* • *Bunsenbrenner* • *feuerfeste Unterlage*

Hinweis: Der ganze Aufbau steht auf einer feuerfesten Unterlage.
Spannen Sie die beiden Stricknadeln in je eine Isolierhalterung ein.
Schieben Sie anschließend die beiden Stricknadeln in das Glasrohr

hinein, so daß die beiden Nadelspitzen ca. $\frac{1}{2}$ cm entfernt sind. Schalten Sie den EIN/AUS-Schalter und die Lampe in Reihe und schließen Sie den Stromkreis an das Hausnetz an. Mit dem Bunsenbrenner erhitzen Sie vorsichtig das Glasröhrchen bis zur Rotglut. Bei Rotglut beginnt die Glühlampe zu leuchten.

Dies geschieht deshalb, weil durch die hohe Temperatur in der Glasschmelze Ionen (Ladungen) sich bewegen können.

Doppelt hält besser

Zwei ca. 10 cm lange Eisennägel • ca. 1 m langer isolierter Kupferdraht mit Maximaldurchmesser 0,3 mm (Draht 1) • ca. 2 m langer isolierter Kupferdraht mit Maximaldurchmesser 0,3 mm (Draht 2) • zwei Flachbatterien (4,5 V) • Büroklammern

Wickeln Sie den Draht 1 bis auf wenige Zentimeter am Anfang und Ende gleichmäßig um einen Nagel. Achten Sie darauf, daß der Draht nur in einer Lage um den Nagel gewickelt wird (Fall 1). Der Draht 2 wird in der Mitte zusammengebogen, so daß ein 1 Meter-„Doppel"-Draht entsteht. Der so präparierte Draht wird wie in Fall 1 bis auf wenige Zentimeter am Anfang und Ende gleichmäßig um einen zweiten Nagel gewickelt.

Schließen Sie den Draht 1 und den Draht 2 je an eine Flachbatterie an. Testen Sie die „Tragkraft", indem Sie die Anziehung mit Büroklammern überprüfen.

Im Fall 1 werden einige Büroklammern angezogen, wogegen im Fall 2 keine Anziehung zu beobachten ist. Mit dem „Doppel"-Draht wurde eine bifilare Spule gewickelt, in der der Strom in den nebeneinanderliegenden Drähten gegenläufig fließt. Die entstehenden Magnetfleder heben sich gegenseitig auf.

Im Fall 1 wurde ein einfacher Elektromagnet gebaut. Im Fall 2 heben sich die magnetischen Felder, die jeden stromdurchflossenen Leiter umfassen, auf. Die Stromrichtung ist in jeweils den benachbarten Drähten immer entgegengesetzt.

Tanz auf dem Pfahl

Experimentierspule (600 Windungen) • *langer Eisenkern (ca. 30 cm) passend zur Spulenöffnung* • *ein über den Eisenkern passender Aluminiumring* • *EIN/AUS-Schalter* • *Verbindungskabel*

Schieben Sie den Eisenkern in die Mitte einer Experimentierspule hinein, so daß der Eisenkern senkrecht nach oben schaut und dabei um die Hälfte seiner Länge aus der Spule herausragt. Legen Sie den Aluminiumring über den Eisenkern auf die Spule. Verbinden Sie über den EIN/AUS-Schalter die Spule mit dem Hausnetz.

Nach dem Einschalten wird der Ring emporgeschleudert und schwebt dann einige Zentimeter über der Spule. Der Ring erwärmt sich dabei sehr stark. Im Ring wird ein Strom induziert, der wiederum ein Magnetfeld aufbaut. Die beiden Magnetfelder, das der Spule und das des Ringes, sind nach der LENZschen Regel entgegengesetzt gerichtet. Die Gewichtskraft des Ringes wirkt allerdings der abstoßenden Kraft der Magnetfelder entgegen. Im Schwebezustand sind abstoßende Magnetkraft und Gewichtskraft gleich groß.

Der Staubsauger, der auf Draht ist

Bandgenerator • *Glasrohr (Innendurchmesser 2 cm, Länge 20 cm)* • *Glasrohrhalter* • *steifer Draht (ca. 25 cm)* • *Isolierklemmen* • *Verbindungskabel* • *Räucherkerzen* • *Streichhölzer* • *Stativmaterial* • *Aluminiumfolie*

An einem Tisch wird eine Stativstange befestigt, am oberen und unteren Ende der Stativlampe werden mit Stativklemmen die Isolierklemmen angebracht. Mit Hilfe des Glasrohrhalters wird das Glasrohr am Stativ befestigt, so daß die lange Seite des Glasrohrs senkrecht zur Tischplatte ist. Der Draht verläuft in der Mitte des Glasrohres und wird an den beiden Isolierklemmen befestigt. Mit Aluminiumfolie wird die Hälfte des Glasrohres umkleidet. Die Kugel oder der Drahtkäfig des Bandgenerators wird mit der oberen Isolierklemme verbunden. Die Aluminiumfolie wird mit der Erde verbunden. Die Räucherkerze wird unter das Glasrohr gestellt. Das Glasrohr ist ca. 5 cm von der Tischplatte entfernt.

Beobachtung: Die Räucherkerze wird angezündet, es steigt Rauch im Rohr empor und entweicht nach oben. Das gleiche Experiment wird durchgeführt, wenn der Bandgenerator eingeschaltet ist: Die emporsteigende Luft entweicht rauchfrei.

Zwischen Draht und der Aluminiumfolie entsteht ein elektrisches Feld. Die ionisierten Rauchteilchen lagern sich am Draht ab; das Gas ist entstaubt.

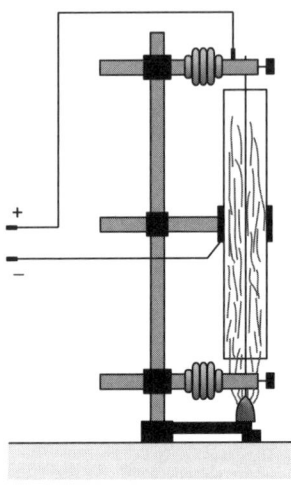

4. Akustik

Schallempfindung

Stimmgabel • *Radio*

Daß die Schallerzeugung durch mechanische Schwingungen erfolgt, kann man gut mit einer Stimmgabel demonstrieren: Die Schüler halten die Zinke einer angeschlagenen Stimmgabel an ihre Zungenspitze. Aber auch beim Berühren der Lautsprechermembran eines eingeschalteten Radios kann man sehr deutlich die Schwingungen fühlen.

Schwingungen werden sichtbar

Stimmgabel • *Glas mit Wasser*

Sie halten die angeschlagene Stimmgabel mit den Fingern fest und nähern sie dem Wasser. Übertragen sich die Luftschwingungen auch auf die Wasseroberfläche? Wenn Sie die Stimmgabel eintauchen, spritzt das Wasser richtig auf.

Schallquellen

Verschiedene Stimmgabeln • *Lineal aus Kunststoff* • *Weinglas* • *Flöte* • *Trillerpfeife* • *Butterbrotpapier* • *Luftballon* • *Papiertüte* • *eventuell Oszilloskop*

Schallquellen sind Körper, die Schallschwingungen aussenden. Mit einfachen Handversuchen demonstrieren Sie die unterschiedlichen Schallarten: Ton, Klang, Laut, Geräusch und Knall.

Ton: Eine schwingende Stimmgabel, ein brummender Transformator oder eine schwach angeblasene Pfeife erzeugen einen Ton mit einer ganz bestimmten Frequenz. Die Schwingung erscheint auf einem Oszilloskop als glatte Sinuskurve. Mit steigender Frequenz nimmt die Tonhöhe zu. Die Lautstärke wächst mit steigender Amplitude.
Mit dem angefeuchteten Finger fahren Sie über den Rand eines Weinglases, in dem sich etwas Wasser befindet. Durch stärkeres oder schwächeres Andrücken können Sie das Glas zum „Singen" bringen.

Die Schwingungen übertragen sich
auch auf die Wasseroberfläche und
erzeugen dort ein auffälliges Wellen-
muster. Führen Sie den gleichen
Handversuch mit unterschiedlichen
Wassermengen, Glasdurchmessern
und Glasdicken durch. Wie verändert sich die Tonhöhe?

Die Gläser tönen um so tiefer, je
mehr sie mit Wasser gefüllt sind. Je
dicker die Wandstärke, desto höher
der Ton – gleicher Glasdurchmesser
vorausgesetzt. Und im Durchmesser
kleinere Gläser klingen höher (bei
gleicher Wanddicke) als größere.

Klang: Ein Klang entsteht, wenn sich mehrere harmonische Einzeltöne
von unterschiedlicher Frequenz und Amplitude überlagern. Wird auf
einer Violine und einem Klavier der gleiche Ton gespielt, klingt er
verschieden. Die unterschiedliche „Klangfarbe" eines Instrumentes
hängt von der Anzahl und Stärke der Obertöne ab, die zusammen mit
dem Grundton den Klang ergeben. Der Grundton strahlt die meiste
Energie ab, er bestimmt die „Klanghöhe". Die Violine produziert mehr
Obertöne als ein Klavier.

Laut: Die Stimmbänder der Menschen und Tiere erzeugen Laute.

Geräusch: Ein Geräusch hören wir, wenn eine Schallquelle unregel-
mäßig schwingt. Sie zerknüllen Butterbrotpapier, verschieben einen
Stuhl, schütteln eine Blechdose, in der sich einige Nägel befinden. Und
Ihre Schüler können bestimmt noch andere
Geräuschquellen beisteuern. Lärm
und Krach sind die Summe
vieler Geräusche.

Knall: Ein Knall entsteht, wenn eine
Schallquelle einmal plötzlich erregt
wird. Sie blasen einen Luftballon
prall auf und stechen eine Nadel
hinein. Sie schlagen mit der Hand
kräftig auf eine aufgeblasene Bäk-
kertüte. Sie schlagen die Tür zu …

Sie drücken mit der einen Hand ein Lineal an einem Ende fest auf den Tisch. Mit der anderen Hand biegen Sie das andere Ende nach oben und lassen es dann herunterschnellen.

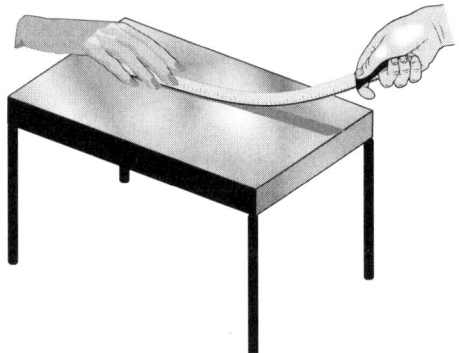

Xylophon

> *Fünf Trinkgläser gleicher Form und Größe* ● *Holzlöffel* ●
> *Tusche*

Die fünf Trinkgläser werden unterschiedlich hoch mit Wasser gefüllt: ein Glas fast bis zum Rand, eines dreiviertel voll, eines halbvoll, das vierte nur zu einem Viertel und das fünfte bleibt leer. Um den Wasserstand besser sichtbar zu machen, wird das Wasser mit Tusche oder ähnlichem eingefärbt. Sie schlagen mit dem Holzlöffel sachte an die Seite der Gläser. Glas ist elastisch und überträgt die Schwingungen auf das Wasser. Das Wasser folgt der Bewegung mit einer gewissen Verzögerung, denn es ist „träge". Das Glas hat es „schwerer", den Auslenkungen zu folgen und die Frequenz nimmt ab.
Je mehr Wasser vorhanden ist, um so tiefer ist der Ton. So hat jedes Glas seine eigene Tonhöhe.

Schallausbreitung

> *Kleine Magnetrollen* ● *Schiene aus Holz oder Kunststoff*

Ein Modellversuch soll die Vorgänge bei der Schallausbreitung deutlich machen. Dazu stellen Sie kleine Magnetrollen so auf eine Schiene, daß sich aufeinanderfolgende Rollen immer abstoßen (siehe S. 190). Der ersten Rolle geben Sie einen kleinen Stoß. Nähert sie sich der zweiten Rolle, wird diese abgestoßen und weicht zur dritten Rolle aus. So wandert der Stoß durch die ganze Reihe hindurch, ohne daß sich die Rollen berühren. Wo die Rollen nahe beieinander sind, spricht man

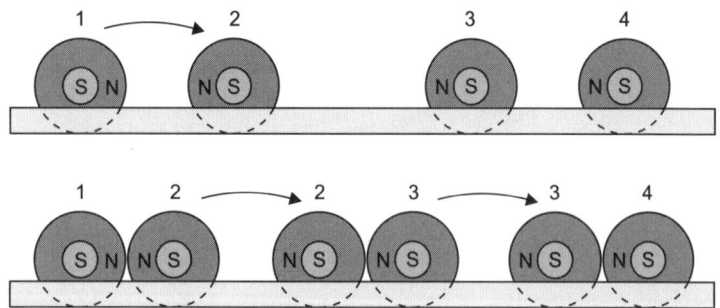

von einer Verdichtung. Diese wandert als „Verdichtungswelle" durch die Rollenreihe. So ähnlich kann man sich die Ausbreitung des Schalls in Luft vorstellen – nur sind es hier die Luftteilchen, die die Verdichtungswelle weitergeben (siehe auch Mechanik, S. 123).

Ausbreitung der Schallwellen

Pappröhre mit Boden • *Plastikfolie* • *Gummiring* • *Kerze*

Mit Schallwellen können Sie eine Kerzenflamme auslöschen. Verschließen Sie das Ende einer ca. 30 cm langen Pappröhre mit Plastikfolie (aus einer Plastiktüte ausschneiden). Der umgeschlagene überstehende Rand der „Membran" wird mit einem kleinen Gummiring befestigt.
Stechen Sie ein 2 bis 3 mm großes Loch in den Boden der Pappröhre. Halten Sie das durchlöcherte Ende der „Schallkanone" etwa 2 bis 3 cm von einer Kerzenflamme entfernt. Schnipsen Sie mit dem Zeigefinger gegen die Membran. Nach einigen Fehlversuchen bringen Sie die Kerze zum Erlöschen.

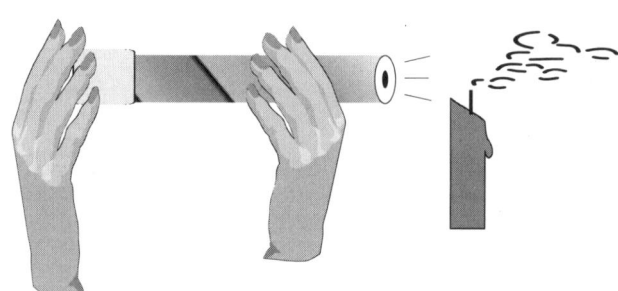

Durch das stoßartige Schnipsen mit dem Finger wird die Membran ausgebeult und die dahinter befindliche Luft kurzzeitig verdichtet. Diese Verdichtung, ein kleines Gebiet des Überdrucks, schreitet bis zum anderen Ende der Pappröhre fort. Die „Verdichtungswelle" passiert das kleine Loch in dem Boden der Röhre, schnürt sich etwas ein und pustet die Flamme aus.

Wirbelringe

Leere Kaffeepulverdose • *Kunststoffdeckel* • *Kerze* • *Zigarette*

In den Blechboden einer leeren Kaffeepulverdose bohren Sie ein etwa 10 mm großes Loch. Sie lassen von einer glimmenden Zigarette etwas Rauch in die geöffnete Dose strömen und verschließen sie mit dem Kunststoffdeckel. In einiger Entfernung steht eine brennende Kerze. Mit dem Zeigefinger schnipsen Sie gegen den aufgeklemmten Deckel. Kleine Wirbelringe aus Rauch verlassen die Bohrung. Wenn Sie im richtigen Rhythmus schnipsen und die Dose in Richtung Kerzenflamme halten, gelingt es Ihnen, die Flamme auszupusten.

Donner

Leere, verkorkte Weinflasche • *Behälter für Zahnbürste*

Sie entkorken eine leere Weinflasche. Sie ziehen ruckartig die Hülse vom Zahnbürstenbehälter herunter. Kurzzeitig entsteht ein luftverdünnter Raum, der von der umgebenden Luft wieder ausgefüllt wird.

Beim Gewitter sind die Wolken und die Erdoberfläche unterschiedlich aufgeladen. Durch starke vertikale Luftbewegungen werden die positiven und negativen Ladungsträger in den Regentropfen getrennt und die Gewitterwolke lädt sich negativ auf. Durch eine elektrische Entladung, den Blitz, werden die unterschiedlichen Ladungen ausgeglichen. Die Luft im „Blitzkanal" wird dabei so stark erhitzt, daß sie sich explosionsartig ausdehnt. Die so entstehende Druckwelle setzt die Luft in Schwingungen, die als Schallwellen unser Ohr erreichen.

Musik

Plattenspieler • Schallplatte • Postkarte • Karton • Streichholz • Nähnadel

Sie legen eine Schallplatte auf, setzen den Plattenspieler in Bewegung und halten eine Postkarte (als „Verstärker") mit einer Ecke in die Rille der Schallplatte. Deutlich hören Sie die auf der Schallplatte aufgezeichnete Musik.

Schallplatten enthalten eine spiralförmige, ganz eng aufgerollte Rille, die in den Kunststoff eingeschnitten und unterschiedlich tief ist. Die Kante der Postkarte folgt diesen Vertiefungen und wird dabei in Schwingungen versetzt. Diese Schwingungen pflanzen sich als Schallwellen durch die Luft fort und erreichen unser Trommelfell.

Normalerweise werden bei der Schallwiedergabe auf dem Plattenspieler die mechanischen Schwingungen über eine Kristallnadel im Tonabnehmerkopf in elektrische Spannungsschwankungen umgewandelt. Diese werden elektrisch verstärkt und dann einem Lautsprecher zugeführt, bei dem schließlich eine Membran die Schwingungen auf die Luft überträgt.

Wenn Sie die Tonqualität im Handversuch verbessern wollen, nehmen Sie statt einer Postkarte ein Blatt DIN-A4-Zeichenkarton und bauen sich aus einem halbierten Streichholz eine kleine Grammophonnadel. An einem Ende aufgeschlitzt trägt die „Nadel" den Karton, am unteren Ende ist sie angespitzt.

Kommt es Ihnen nicht darauf an, ob die Schallplatte beschädigt wird, können Sie als Verstärker auch einen Trichter aus aufgerolltem Zeichenkarton basteln und durch das umgeschlagene spitze Ende eine Nähnadel stechen.

Schwirrholz

Dünnere Holzleiste (ungefähr so lang und breit wie ein
Lineal) • *1,5 m Schnur*

An einem Ende der Holzleiste bohren Sie ein kleines Loch. Dann knüp-
fen Sie eine ca. 1,5 m lange Schnur
an das Brett. Sie lassen das Holz im
Kreis über den Kopf herumwirbeln.
Bei einer bestimmten Geschwindigkeit versetzt es die Luft in Schwingungen, die einen merkwürdigen,
dröhnenden Laut erzeugen. Er wird
um so stärker, je schneller Sie das
Holz kreisen lassen (siehe auch S.
200).

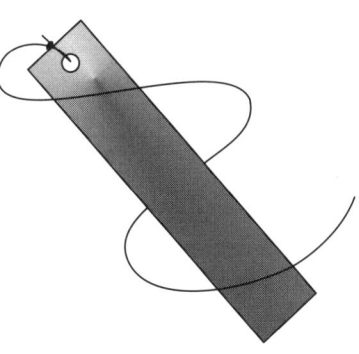

Ein breiteres Holz erzeugt einen tieferen und lauteren Ton.

Schall-Leitung

Großer Tisch • *Taschenuhr*

Die Schüler legen ein Ohr auf einen Tisch (Tischtennisplatte oder
ähnliches), auf der am anderen Ende eine leise tickende Taschenuhr
liegt. Sie können auch mit einem Bleistift leicht auf den Tisch klopfen.
Die Schallübertragung in festen Körpern nennt man auch Schalleitung.

Drahttelefon

2 leere, große Joghurtbecher • *2 Streichhölzer* • *Schnur* • *Kerzenwachs* • *eventuell Bindedraht*

Dieser Handversuch ist den meisten Schülern bekannt, aber er läßt sich noch verbessern: Statt einer herkömmlichen Schnur (die mit Kerzenwachs eingerieben werden soll) verwenden wir als Schalleiter dünnen Bindedraht. In die Böden der Joghurtbecher stechen wir ein dünnes Loch, schieben die Drahtenden hindurch und wickeln das Drahtende um ein Streichholz. Bei der Benutzung des Telefons muß der Draht gespannt sein und gerade verlaufen.

Die Schallschwingungen unserer Stimme bringen auch den Joghurtbecher zum Schwingen. Diese Schwingung überträgt sich auf den Draht und geht somit auf den zweiten Becher über.

Glockenläuten

Silberner Löffel • *2 m Schnur*

Ein schwerer Löffel, möglichst aus Silber, wird im Schwerpunkt an eine ca. 2 m lange Schnur gebunden. Die Enden der Schnur wickelt der Schüler um beide Zeigefinger und steckt die Fingerspitzen in beide Ohren. Nun läßt er den herunterhängenden Löffel gegen einen festen Gegenstand stoßen, zum Beispiel gegen ein Stuhlbein. Der Löffel gerät in Schwingungen und der Schüler hört einen kräftigen, lang anhaltenden Glockenschlag.

Lauscher an der Wand

Trinkgläser

Feste Stoffe und Körper, wie zum Beispiel Holz, Stahl oder Mauerwerk, haben eine bessere Schalleitfähigkeit als Luft. Ein Schüler geht in den Nachbarraum und klopft leicht gegen die Wand. Das Geräusch ist im Klassenraum kaum zu hören. Jetzt legen die Schüler ein Ohr an die Wand. Das Klopfen ist wesentlich deutlicher zu hören. Eine noch bessere Schallverstärkung wird erzielt, wenn man ein offenes Trinkglas fest an das Ohr hält und den Glasboden gegen die Wand drückt.

Schallausbreitung in Flüssigkeiten

Wanne • mechanischer Wecker • Becherglas • Zusatzgewicht

Sie legen einen tickenden Wecker auf den Boden eines weiten Becherglases. Dann tauchen Sie das Becherglas tief in eine mit Wasser gefüllte Wanne. Die Schüler halten ein Ohr an die Seitenwand der Wanne und nehmen ein viel lauteres Ticken des Weckers wahr. Flüssigkeiten leiten den Schall besser als Luft.

Tamburin

2 Tamburine • Stativmaterial • Klöppel • Tischtennisball

Sie besorgen sich zwei Tamburine (Sportgerätesammlung) und befestigen einen davon mit Stativmaterial auf dem Experimentiertisch. Ein Tischtennisball hängt an einem langen Faden senkrecht herunter und

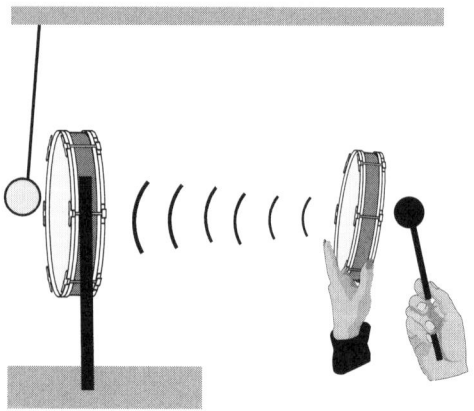

berührt die Membran. Das zweite Tamburin halten Sie etwa 50 cm entfernt vom ersten und schlagen mit einem Klöppel auf die Membran, die eine kräftige Schwingung ausführt. Die Luftteilchen geben die Schwingung weiter und übertragen sich auf die Membran des feststehenden Tamburins. Der Tischtennisball wird kräftig weggestoßen.

Abstimmen

Zwei hohe Trinkgläser von gleicher Größe und Form ● Bleistift ● Fahrradspeiche oder ein Stück dünner Draht ● Taschentuch

Sie füllen zwei Gläser von gleicher Größe und Form zur Hälfte mit Wasser. Wenn Sie mit einem Bleistift gegen ein Glas klopfen, hören Sie einen ganz bestimmten Ton. Nun versuchen Sie, durch Klopfen an das andere Glas, den gleichen Ton zu erzeugen. Dazu müssen Sie wahrscheinlich die Wassermenge in dem Glas etwas verändern (ein Taschentuch leicht eintauchen oder abtropfen lassen). Sind die beiden Gläser aufeinander „abgestimmt", legen Sie einen dünnen Draht – am besten das abgeschnittene Stück einer Fahrradspeiche – auf den Rand eines Glases. Das andere Glas stellen Sie wenige Zentimeter entfernt auf.
Wenn Sie jetzt mit dem Bleistift gegen das Glas klopfen, fängt der Draht auf dem anderen Glas an zu zittern und bewegt sich ein wenig. Mit etwas Geduld gelingt es Ihnen, den Draht so weit zu bewegen, daß er schließlich herunterfällt.

Grashalm macht Musik

Grashalm

Mit einem flachen Grashalm bringen Sie die Luft zum Schwingen. Zwischen Daumen und Daumenballen spannen Sie den Halm möglichst fest ein. Dann blasen Sie scharf über das eingespannte Blatt. Es beginnt zu schwingen und erzeugt einen kreischenden oder quietschenden Ton. Schließen Sie beide Hände muschelförmig, so wird der Ton noch verstärkt.

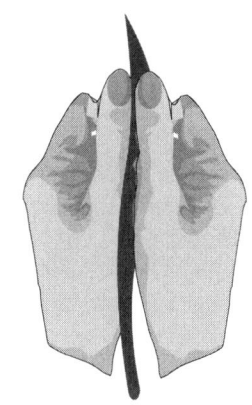

Auf ähnliche Weise wird die menschliche Stimme im Kehlkopf gebildet.

Energieerhaltung

Stimmgabel • Resonator (zum Beispiel offener Holzkasten, meist genügt auch ein Tisch)

Sie schlagen eine Stimmgabel an und halten sie frei in den Raum. Die Schüler hören nur einen schwachen Ton. Halten Sie die Stimmgabel jedoch auf einen Resonator, so ist der Ton in dem ganzen Klassenraum sehr gut zu hören. Woher wird die zusätzliche Schallenergie entnommen? Wird vielleicht der Energieerhaltungssatz verletzt?

Auf keinen Fall. Der von der Stimmgabel ausgehende Schall klingt nur langsam ab, wenn lediglich die Luft zum Mitschwingen angeregt wird. Die Abstrahlung der Schwingungsenergie ist dagegen *stärker* und *schneller,* wenn die Stimmgabel an einen Resonator gehalten wird. Die Energieabgabe erfolgt dann nicht nur von den beiden Zinken der Stimmgabel, sondern auch von dem Resonanzkörper selbst. Die abgestrahlte Gesamtenergie ist in beiden Fällen gleich groß.

Hohe und tiefe Töne

Blockflöte aus Kunststoff ● großer Becher mit Wasser

Sie verschließen alle Löcher der Blockflöte mit Klebestreifen. Wenn Sie jetzt in die Flöte blasen, müßte man einen einfachen Ton hören. Die Tonhöhe hängt von der Länge der Luftsäule im Innern der Blockflöte ab. Nun atmen Sie tief ein, blasen in die Flöte und tauchen sie dabei immer tiefer in das Wasser ein. Das Wasser steigt im Innern der Flöte auf und verkürzt die darin befindliche Luftsäule. Der Ton wird höher. Wenn Sie die Blockflöte wieder aus dem Wasser ziehen, verlängert sich die Luftsäule und der Ton wird tiefer.

Flaschenmusik

Fünf gleich große, gleich geformte Flaschen ● etwas Wasser

Wie im Versuch auf Seite 189 füllen Sie die Flaschen unterschiedlich hoch mit Wasser. Nun pusten Sie quer zur Flaschenöffnung kräftig über den Rand. Die Luft im Innern der Flasche wird in Schwingungen versetzt. Kleine Luftmengen ($\frac{h}{2}$) schwingen dabei schneller als große. Wenn sich also nur wenig Luft in der Flasche befindet, erhalten wir einen hohen Ton, bei wenig Wasser und einer großen Luftsäule (h) dagegen einen tiefen Ton.

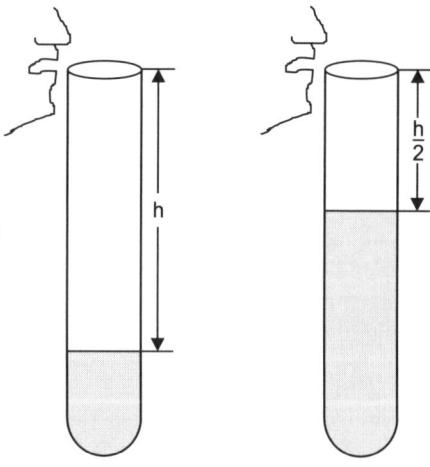

Reflexion

Hohes, weites Becherglas • **Watte** • **mechanischer Wecker** • **Spiegel oder Glasscheibe** • **Winkelmesser**

Sie legen einen tickenden Wecker auf Watte in ein hohes, weites Becherglas. Das Ticken ist kaum hörbar.

Jetzt halten Sie eine Scheibe über das Becherglas und ändern die Neigung so lange, bis das Ticken des Weckers gut hörbar wird. Der Schall wird an der Scheibe ähnlich zurückgeworfen wie ein elastischer Ball von einer ebenen Wand oder ein Lichtstrahl von einem Spiegel. Es gilt das Reflexionsgesetz: Einfallswinkel α und Reflexionswinkel α' sind gleich.

Wenn sich das Ohr als Schallempfänger im Strahlengang des reflektierten Strahles befindet, ist das Ticken besonders laut zu hören.

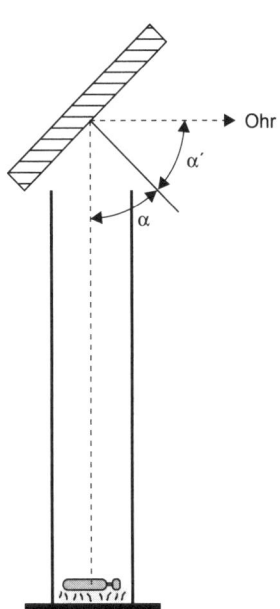

Doppler-Effekt

a) Stativstange • **Schnüre** • **kleiner Hammer**

Sie hängen eine etwa 50 cm lange Stativstange aus Stahl waagerecht an zwei Schnüren von etwa 1 m Länge so auf, daß die Stange in Richtung auf die Zuhörer pendeln kann. Nun schlagen Sie die Stange mit einem kleinen Hammer kräftig an und lassen sie schwingen. Deutlich können die Zuhörer bei der Annäherung der Stange einen höheren Ton und beim Wegschwingen einen tieferen Ton wahrnehmen.

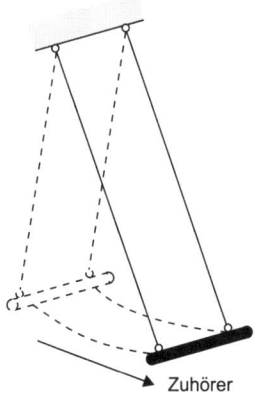

b) Auto • Hupe

Ihre Schüler stehen auf dem Bürgersteig (in sicherer Entfernung) und Sie fahren mit einer Geschwindigkeit von etwa 50 $\frac{km}{h}$ an ihnen vorbei. Dabei halten Sie dauernd die Hupe gedrückt. Sehr deutlich nehmen die Schüler den Dopplereffekt wahr: Wenn sich das hupende Auto an ihnen vorbeibewegt, sinkt plötzlich die Tonhöhe der Hupe.

c) Schwirrholz

Sie können auch zur Demonstration das Schwingholz (siehe Seite 193) nehmen. Ein Beobachter hört bei der Annäherung ein Ansteigen und bei der Entfernung ein Absinken des Schwirrlautes.

GE: Düsenjäger

Warum hört man ein schnell heranfliegendes Flugzeug erst kurz vor dem Vorbeifliegen? Dagegen ist es noch längere Zeit wahrzunehmen, während es sich entfernt.

Die Abbildung liefert die Erklärung. Die Kreise sollen die Ausbreitung der Druckwellen darstellen, die von einem nach links fliegenden Flugzeug ausgehen.
Die vor der Schallwelle zusammengedrängten Wellenflächen erreichen einen links befindlichen Beobachter L nur wenig früher als das Flugzeug selbst, während ein Beobachter R auf der rechten Seite die Schallquelle auch bei größerer Entfernung

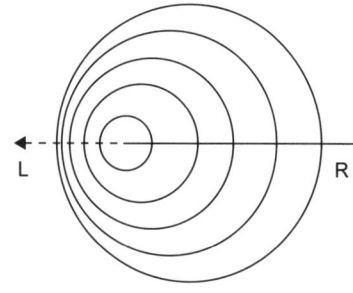

noch wahrnimmt. Auch hier erfährt man den Dopplereffekt.

Schlauchtelefon und Stethoskop

*2 Plastiktrichter • etwa 2 m (oder mehr) Plastikschlauch •
mechanisch arbeitende, kleine Uhr*

a) Sie stecken die Plastiktrichter auf die beiden Enden des Plastikschlauches. Einen Trichter halten Sie über eine am Boden liegende tickende Uhr. Den anderen Trichter hält sich ein Schüler an sein Ohr. Deutlich hört er das Ticken.

b) Die beiden Trichter mit dem Plastikschlauch können Sie auch als Telefon benutzen. Je länger der Schlauch, um so größer ist der Spaß. Das eine Ende des Telefons übernimmt der eine, das andere Ende ein anderer Schüler, der damit in einen anderen Raum geht. Beide können im Flüsterton Nachrichten austauschen. Im Gegensatz zum Draht- oder Fadentelefon (siehe Seite 194) braucht der Schlauch *nicht* straff gespannt zu sein.
Vorsicht: Nicht in den Trichter hineinschreien, das kann zu Hörschäden führen.

c) Mit einem kurzen Plastikschlauch und einem Trichter kann man ein richtiges Stethoskop herstellen. Ein Schüler hält den Trichter mit der Öffnung auf die Brustmitte, über sein Herz. Das andere Ende hält ein anderer Schüler fest an sein Ohr. Wenn es rundherum ruhig ist, kann er die Pumpgeräusche des Herzens hören.

Der Trichter bündelt die ausgesandten Schallwellen, die dann im Schlauchinneren immer wieder reflektiert werden, bis sie an das Ohr gelangen. Bei der Reflexion geht ein Teil der Schallenergie in die Schlauchwand über und wird auch dort weitergeleitet. Ein geringer Teil wird allerdings verschluckt (absorbiert).

Räumlich hören

2 Plastiktrichter • ca. 2 m Plastikschlauch • Stock

Sie stecken die Plastiktrichter auf die beiden Schlauchenden. Dann hält sich ein Schüler als „Versuchsperson" beide Trichter fest an seine Ohren, während der Schlauch hinter seinem Kopf eine Schleife bildet. Ein anderer Schüler schlägt nun mit einem kleinen Stock rechts und links von der Mitte leicht auf den Schlauch. Die Versuchsperson ist sehr gut in der Lage, die Schlagstellen zu lokalisieren.

Da sich die Laufzeiten des Schalles zu beiden Ohren unterscheiden, können wir räumlich hören und die Richtung, aus der der Schall kommt, feststellen. Laufzeitunterschiede von 0,00003 Sekunden sind noch wahrnehmbar.

5. Optik

Der Sonnenschein als Chronometer

Vergrößerungsglas* • *weißes Blatt* • *Uhr mit Sekundenzeiger* • *Stativmaterial

Befestigen Sie das Vergrößerungsglas mit Stativmaterial aus der Physiksammlung an einem Fensterrahmen. Das Vergrößerungsglas muß über das Fensterbrett hinausragen. Fokussieren Sie das Sonnenlicht mit dem Vergrößerungsglas auf ein weißes Blatt Papier. Die Sonnenstrahlen bilden einen scharfen Lichtkreis auf dem Papier ab. Umfahren Sie den Lichtkreis auf dem Papier mit einem Bleistift. Messen Sie genau die Zeit in Sekunden bis das Licht den Kreis vollständig verlassen hat. In diesem Fall hat sich die Erde um ein halbes Grad ihrer Rotationsbewegung um die eigene Achse weiter gedreht. Die gemessene Zeit multiplizieren Sie mit 2 · 360. Das Ergebnis gibt die Länge des Tages an.

Die Sonne verrät die genaue Zeit

2 quadratische Holzspanplatten (20 cm x 20 cm)* • *Zeichengerät* • *Klebstoff* • *Laubsäge* • *Schere

Mit einfachen Mitteln wird eine Sonnenuhr hergestellt. Großes handwerkliches Geschick ist nicht vonnöten.
Ermitteln Sie durch Zeichnen der Diagonalen die Mitte einer der beiden Holzplatten. Zeichnen Sie mit einem Zirkel auf die Holzplatte einen Kreis mit dem Radius von 9 cm. Teilen Sie einen der Halbkreise in zwölf gleich große Abschnitte ein und schreiben Sie neben den Markierungen von links nach rechts die Zahlen 6, 7, 8, 9, 10, 11, 12, 1, 2, 3, 4, 5. Sie haben sich so ein Zifferblatt hergestellt.
Sägen Sie einen geeigneten „Gnomon" aus. Ein „Gnomon" ist ein einfaches Meßgerät zur Bestimmung von Höhenwinkel der Sonne über dem Horizont, der Jahrespunkte und indirekt die Schiefe der Ekliptik.
Die weitere Konstruktion erfolgt nach folgender Anweisung:
Zeichnen Sie auf die zweite Holzplatte eine 8 cm lange Grundlinie. Tragen Sie am linken Eckpunkt den positiven Winkel an, der dem geographischen Breitengrad Ihres Wohnortes entspricht. Diese Angabe erhalten Sie zum Beispiel bei der Stadtverwaltung. Zeichnen Sie einen Kreis mit einem Radius von 20 cm um den rechten Eckpunkt der Grundlinie. Der Schnittpunkt des freien Schenkels mit dem Kreis ist der dritte Eckpunkt des Gnomons. Schneiden Sie das aufgezeichnete Drei-

eck aus und kleben Sie es mit der 8 cm langen Grundlinie auf die erste Holzplatte. Der Gnomon klebt auf der Verbindungslinie von der Zahl „12" und dem Mittelpunkt des Kreises auf der ersten Holzplatte. Der Dreieckspunkt mit dem stumpfen Winkel ist deckungsgleich mit der Markierung „12". Richten Sie die nun fertige Sonnenuhr mit der Spitze des Gnomons auf den Polarstern beziehungsweise parallel zur Erdachse aus. Die Sonnenuhr ist einsatzbereit.

Gezielt und doch daneben

Große Glaswanne ca. 5 l Volumeninhalt ● Glasrohr ca. 8 mm Durchmesser oder Strohhalm ● langer und gerader Schweißdraht ● Stativmaterial ● Gewebeband ● Pfennigstück

Dieses Experiment können Sie als Lehrerversuch oder als Schülerversuch durchführen. Für die Durchführung als Lehrerversuch empfiehlt sich folgender Aufbau.

Legen Sie ein Pfennigstück in die Mitte der Glaswanne und füllen Sie vorsichtig die Glaswanne mit Wasser. Befestigen Sie das Glasrohr mit Hilfe des Stativmaterials an einem Tisch an der schmalen Innenseite der Glaswanne. Justieren Sie das Glasrohr so, daß Sie genau auf das Pfennigstück zielen und spannen Sie dann das Glasrohr fest. Schieben Sie den Schweißdraht durch das Glasrohr bis er den Boden der Glaswanne berührt. Das Ziel, das Pfennigstück, wird nicht getroffen. Der Draht berührt den Glasboden an einer anderen Stelle.

Wenn Sie das Experiment als Schülerversuch durchführen lassen wollen, dann kann der Aufbau etwas vereinfacht werden.

Statt eines Glasrohres können Sie einen Trinkhalm verwenden, der an der Innenseite der Glaswand mit Gewebeband befestigt wird. Sollte auch ein Gewebeband nicht zur Verfügung stehen, dann kann der Strohhalm durch einen anderen Schüler festgehalten werden. Die weitere Durchführung entspricht der obigen Beschreibung.

Das Licht wird beim Übergang von Luft in Wasser zum Einfallslot hin gebrochen. Das Pfennigstück erscheint dem Beobachter an einer anderen Stelle zu liegen.

Simsalabim

Zwei gleiche Bechergläser • zwei gleiche Münzen • zwei Bierdeckel

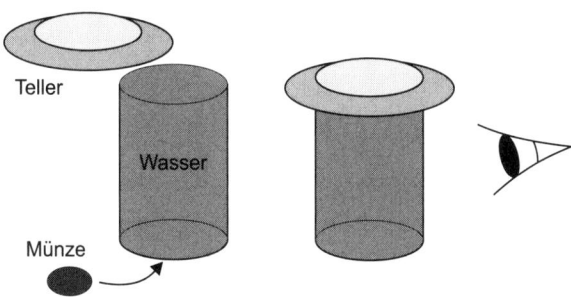

Stellen Sie beide Bechergläser nebeneinander auf je eine Münze und decken Sie die beiden Bechergläser mit den Bierdeckeln ab. Die Deckel sollen einen Blick von oben in die Gläser verhindern. Füllen Sie in eines der beiden Bechergläser Wasser und betrachten Sie den Aufbau von der Seite. In dem mit Wasser gefüllten Glas ist die Münze nicht mehr zu sehen.

Das scheinbare Verschwinden hängt mit der Lichtbrechung zusammen. Das von der Münze reflektierte Licht wird so abgelenkt, daß es bei Betrachtung von der Seite nicht mehr ins Auge gelangt.

Chaos in der Luft

Becher • doppelkohlensaures Natron • Essig • 30 cm x 30 cm weißer Pappkarton

Übergießen Sie in einem Becher doppelkohlensaures Natron mit Essig. Neigen Sie das Glas mit dem schäumenden Inhalt gegen das Sonnenlicht vor einem weißen Pappkarton. Das entstehende Gas ist schwerer als Luft. Es flutet in hellen und dunklen Wirbeln aus dem Becher. (Die entstehenden Dämpfe können als belanglos angesehen werden.)

Das Gas hat eine andere optische Dichte als Luft. Die Lichtstrahlen werden beim Durchgang durch das Gas gebrochen. Helle Wirbel entstehen dadurch, daß vermehrt Licht an die Wand gelenkt wird, bei dunklen Wirbeln wird das Licht abgelenkt. (Hinweis: Bei dem Experiment entsteht eine geringe Menge Kohlendioxid.)

Der verschwundene Glasstab

2 Glasstäbe • zwei Bechergläser • Azeton • Benzol • 2 Reuterlampen

Hinweis: Dieses Experiment sollte nur von einer Lehrperson durchgeführt werden.
Stellen Sie in je ein Becherglas einen Glasstab und beleuchten Sie je ein Becherglas mit einer Reuterlampe. Gießen Sie in das eine Becherglas Wasser hinein. Das zweite Becherglas füllen Sie mit einer Mischung aus Azeton und Benzol. Das Mischungsverhältnis soll aus drei Teilen Azeton und 10 Teilen Benzol bestehen. Der Glasstab in dem Becherglas mit der Mischung ist nicht mehr zu sehen.

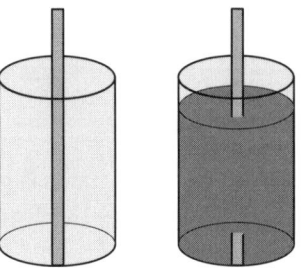

Die Azeton-Benzol-Mischung hat denselben Brechungsindex wie das Glas. Beide haben die gleiche optische Dichte. Das reflektierte Licht erfährt beim Übergang von der Azeton-Benzol-Mischung und Glas keine Ablenkung.

Die verkehrte Sammellinse

Glaswanne mit ca. 5 l Volumeninhalt • Reuterlampe mit Kondensorlinse und Schlitzblende • 2 Uhrengläser • Klebstoff oder Knetgummi • Linsenhalterung und Stativfuß • Natriumfluorescein

Kleben Sie die beiden Uhrengläser an ihren Rändern wasserdicht zusammen. Bei einigen Uhrengläsern genügt es, die Ränder der Uhrengläser mit Knetgummi zusammenzukleben. Befestigen Sie die so erhaltene Sammellinse auf einen Stativfuß und stellen Sie die Linse mit Stativ in die Glaswanne. Justieren Sie die Reuterlampe so, daß die Lichtstrahlen parallel zur optischen Achse verlaufen und auf die Mitte der Linse in der Glaswanne auftreffen. Füllen Sie die Glaswanne mit Wasser auf und schalten Sie die Reuterlampe ein. Zur besseren Beobachtung kann dem Wasser noch etwas Natriumfluorescein hinzugegeben werden.

Die Lichtstrahlen treffen sich nach dem Durchgang durch die Linse nicht in einem Brennpunkt. Das Licht wird beim Übergang vom optisch dichteren Medium (Wasser) ins optisch dünnere Medium vom Einfallslot weggebrochen. Der Lichtstrahl ist aus seiner Richtung abgelenkt. Die Parallelität ist somit verloren gegangen. Aus der Sammellinse in der Umgebung Luft ist eine Zerstreuungslinse in der Umgebung Wasser geworden.

Wasser bringt es an den Tag

Hohe Tasse mit geraden Wänden • Pfennigstück

Legen Sie ein Pfennigstück auf den Boden einer Tasse nahe an die Tassenwand. Stellen Sie sich so auf, daß Sie die Münze gerade nicht mehr sehen können. Füllen Sie die Tasse vorsichtig mit Wasser an. Die Münze und der vorher verborgene Teil des Tassenbodens sind wieder sichtbar.

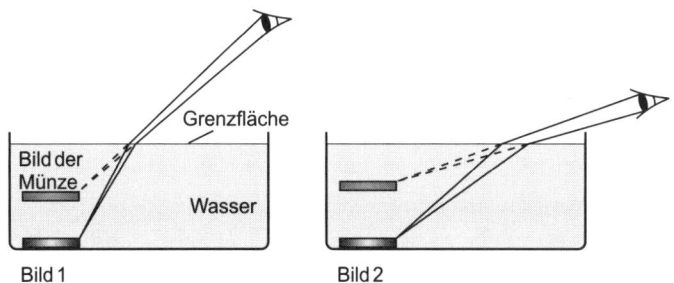

Bild 1   Bild 2

Wegen der Lichtbrechung gelangt das reflektierte Licht von der Münze in das Auge des Betrachters. Der von der Münze reflektierte Lichtstrahl wird beim Übergang vom Wasser in Luft vom Einfallslot weg gebrochen.

Die Lichtfalle

Glasfaserbündel • *Taschenlampe* • *eventuell einige Farbfilter*

Hinweis: Dieses Experiment sollte in einem abgedunkelten Raum durchgeführt werden.

Halten Sie die Taschenlampe (eventuell mit aufgesetzten Farbfiltern) an das eine Ende des Glasfaserbündels und biegen Sie die Glasfaser. Beobachten Sie das andere Ende des Glasfaserbündels. Sie können kleine Lichtpunkte beobachten.

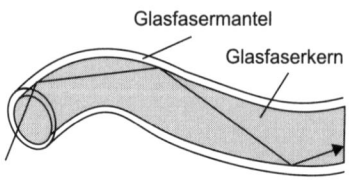

Glasfasermantel

Glasfaserkern

Der Effekt beruht auf der Totalreflexion des Lichtes. Beim Übergang des Lichts von einem optisch dichteren Medium in optisch dünneres Medium kann ab einem bestimmten Winkel (dieser Winkel ist materialabhängig) kein Licht mehr aus dem optisch dichteren Medium austreten. An der Grenzfläche zwischen optisch dichterem und optisch dünnerem Medium tritt Totalreflexion ein, das heißt, das Licht wird in das Glas vollständig reflektiert.

Der bunte Taschenspiegel

Taschenspiegel • *Stativmaterial* • *flache Glaswanne ca. 2 l Volumeninhalt* • *Reuterlampe*

Befestigen Sie einen Taschenspiegel innen am Rand einer Glaswanne und richten Sie eine Reuterlampe auf diesen Spiegel, so daß ein heller Lichtfleck an der Wand zu sehen ist. Gießen Sie langsam Wasser in die Glaswanne bis der Spiegel ganz mit

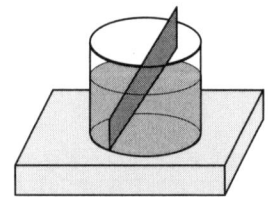

Wasser bedeckt ist. An der Wand entsteht ein schönes Farbenspektrum.

Der Taschenspiegel dient als Spalt und Spiegel zugleich. Das Wasser über dem Taschenspiegel ist mit einem Prisma zu vergleichen. Das weiße Licht ist in seine Spektralfarben zerlegt.

Aus Bunt mach Weiß

Quadratischer weißer Pappkarton, ca. 20 cm x 20 cm • Farbstifte (rot, orange, gelb, grün, mittelblau, dunkelblau, violett) oder Farbkreisel aus der Physiksammlung • Zeichengerät • Experimentiermotor

Hinweis: Die Herstellung des Kreisels kann auch Schülern übertragen werden. Es ist bestimmt reizvoll, die unterschiedlichen Farbkreisel zu vergleichen.

Zeichnen Sie auf einen weißen Pappkarton einen Kreis mit einem Radius von 9 cm. Unterteilen Sie den Kreis in verschiedene Sektoren. Die Sektorenwinkel für die einzelnen Farben betragen: Rot 51°, Orange 33°, Gelb 55°, Grün 67°, Mittelblau 68°, Dunkelblau 10°, Violett 76°. Färben Sie die einzelnen Sektoren ein.

Den so erhaltenen Farbenkreisel spannen Sie auf einen Experimentiermotor, der an einem Tisch sicher befestigt ist. Ab etwa 300 Umdrehungen pro Minute erscheint die Farbscheibe in sehr hellem Grau.

Häufig gibt es in den Physiksammlungen schon fertige Farbkreisel, die nur noch auf die Achse eines Experimentiermotors gespannt werden müssen.

Der rasche Wechsel der Farben auf dieselbe Stelle des menschlichen Auges läßt die verschiedenen Farben in einem einheitlichen Farbbild erscheinen. Es liegt eine Farbaddition vor. Die Addition der Spektralfarben ergibt in diesem Aufbau ein helles Grau.

Der Farbenmischer

3 Reuterlampen mit Filteraufsatz • verschiedene Farbfilter (rot, grün, blau) • Beobachtungsschirm • Verbindungskabel

Verbinden Sie die Anschlüsse der Reuterlampen mit einer geeigneten Spannungsquelle. In der Regel wird eine Spannung von 6 Volt benötigt. Günstiger ist es, wenn Sie je eine Spannungsquelle mit variablem Ausgang verwenden. Dadurch kann die Helligkeit der einzelnen Reuterlampen verändert werden. Fokussieren Sie alle drei Lampen auf eine Stelle des Beobachtungsschirms. Stecken Sie in den jeweiligen Farbfilteraufsatz je einen Farbfilter ein, und schalten Sie die einzelnen Lampen nacheinander an. Je nach Kombination der einzelnen Farbfilter ergeben sich neue Farben.

rot   + blau = magenta   magenta + grün = weiß
rot   + grün = gelb   gelb   + blau = weiß
blau   + grün = cyan

Das Phänomen beruht auf der Farbaddition. Farbaddition bedeutet, daß Farben zum Farbspektrum hinzuaddiert werden. Alle drei Farben addiert, ergeben weiß. Rot, grün und blau sind die Grundfarben, die zusammen das gesamte Spektrum erzeugen können.

Verwenden Sie in einem weiteren Versuch nur eine Lampe, und halten Sie in den Strahlengang einen Farbfilter hinein, der einen gewissen Bereich des Spektrums durchläßt. Wenn Sie eine Kombination mehrerer solcher Filter in den Strahlengang hineinhalten, ergeben sich viele verschiedene Mischfarben.
Dieses Phänomen beruht auf der Farbsubtraktion. Farbsubtraktion bedeutet, daß Farben aus dem Farbspektrum ausgeblendet werden.

Stichwortverzeichnis

Fundgruben für Ihren Unterricht
Nachschlagewerke für jeden Tag

David Clarke/Ingrid Preedy
**Die Fundgrube für den
Englisch-Unterricht**
4. Auflage 1993. 328 Seiten
mit Abbildungen
Paperback
ISBN 3-589-20899-6

David Clarke/Peter Oldham/Ingrid Preedy
**Die 2. Fundgrube für den
Englisch-Unterricht**
1996. 288 Seiten, Paperback
ISBN 3-589-21082-6

Sylvie Gauthey/Danielle Spiekermann
**Die Fundgrube für den
Französisch-Unterricht**
1994. 248 Seiten mit Abbildungen
Paperback
ISBN 3-589-21032-X

Gerd Brenner (Hrsg.)
**Die Fundgrube für den
Deutsch-Unterricht ab Klasse 5**
1995. 304 Seiten mit Abbildungen
Paperback
ISBN 3-589-21054-0

Petra Hölscher/Erich Rabitsch (Hrsg.)
**Methoden-Baukasten
Deutsch als Fremd- und Zweitsprache**
1993. 256 Seiten mit vielen Abbildungen
und Kopiervorlagen, Paperback
ISBN 3-589-21043-5

Harald Parigger (Hrsg.)
**Die Fundgrube für den
Geschichts-Unterricht**
1996. 336 Seiten mit vielen Abbildungen
und Kopiervorlagen, Paperback
ISBN 3-589-21062-1

Harald Parigger
Geschichte erzählt
Von der Antike bis zum 20. Jahrhundert
1994. 368 Seiten, gebunden
ISBN 3-589-20940-2

Michael Gressmann/Wolfgang Mathea
**Die Fundgrube für den
Physik-Unterricht**
1996. 216 Seiten mit
über 200 Abbildungen
Paperback
ISBN 3-589-21078-8

**Cornelsen Verlag
Scriptor**

Fragen Sie bitte
in Ihrer Buchhandlung!